판 깔아주는
흥 많은
할머니

판 깔아주는 흥 많은 할머니
다섯 손주와 엮어가는 유쾌하고 다정한 날들

초 판 1쇄 2025년 11월 17일

지은이 최윤순
펴낸이 류종렬

펴낸곳 미다스북스
본부장 임종익
편집장 이다경, 김가영
디자인 윤가희, 임인영
책임진행 안채원, 이예나, 김요섭, 김은진, 국소리

등록 2001년 3월 21일 제2001-000040호
주소 서울시 마포구 양화로 133 서교타워 711호
전화 02) 322-7802~3
팩스 02) 6007-1845
블로그 http://blog.naver.com/midasbooks
전자주소 midasbooks@hanmail.net
페이스북 https://www.facebook.com/midasbooks425
인스타그램 https://www.instagram.com/midasbooks

ⓒ 최윤순, 미다스북스 2025, *Printed in Korea*.

ISBN 979-11-7355-595-4 03810

값 18,500원

※ 파본은 구입하신 서점에서 교환해드립니다.
※ 이 책에 실린 모든 콘텐츠는 미다스북스가 저작권자와의 계약에 따라 발행한 것이므로 인용하시거나 참고하실 경우 반드시 본사의 허락을 받으셔야 합니다.

미다스북스는 다음세대에게 필요한 지혜와 교양을 생각합니다.

판 깔아주는 흥 많은 할머니

다섯 손주와 엮어가는
유쾌하고 다정한 날들

최윤순 지음

미다스북스

추 천 사

『판 깔아주는 흥 많은 할머니』는 '다섯 손주와 엮어가는 유쾌하고 다정한 날들'의 이야기이다. 이 글을 쓴 방년 66세 할머니인 최윤순 작가님의 별명은 '안 아픈 청춘'이다. 본인이 공평하게 받은 24시간이라는 시간을 허투루 쓰지 않고 규칙적이고 촘촘하게 사용하기 때문이다. 그 촘촘한 시간 안에는 늘 손주 육아가 들어있다. 손주들은 할머니와 만나는 것을 즐거워한다.

저자는 손주 돌봄도 결국 타이밍이라고 말한다. 어렵게 선발된 영어 전담 교사 일도 정년까지는 조금 남아 있었지만, 기꺼이 그만두시고 손주 육아를 선택했다. 그러며 "저는 퇴직자가 아니라, 여전히 '현역'입니다."라고 말한다. 맞다. 저자는 다섯 손주를 돌보는 현역 '육아 전문가'다.

요즘 조부모 육아가 대세다. 하지만 육아의 형식은 모두 다르다. 나도 쌍둥이 손자 주말 육아를 7년이나 하였지만, 저자의 조부모 육아는 참 새롭다. 흥 많은 할머니가 쓴 '조금은 엉뚱하고 사랑스러운 이야기 한 판!'이 궁금하시면 이 책을 꼭 읽어보시라고 권해 드린다. 네 살 손주부터 열두 살 손주까지, 다양한 육아 이야기는 읽으시는 분들에게 따뜻한 미소를, 때론 눈물 한 방울을 전해 줄 거다. '아는 만큼 보인다.'고 조부모 육아의 다양한 팁과 궁금증을 해소시켜 줄 좋은 육아 노하우도 만나실 수 있을 거다. 손주가 오는 날 할머니는 '판'을 깔고, 아이들은 '쇼'를 하는 풍경이 아이를 키우는 집마다 널리 퍼지길 기대해 본다.

유영숙
(전 서울경인초등학교 교장)
『매일 행복하지 않아도 행복해』, 『주말마다 손주 육아하는 할머니』 저자

추천사

그녀의 이름은 윤순 최

"엄마~ 엄마~!"

열 걸음 정도 뒤에서 그녀의 뒤통수를 보고 힘차게 불렀다. 목청이 타고 나길 좋은 나였다. 분명 작은 목소리가 아니었는데 안 들리는지 뒤를 돌아보지 않는다.

"할머니~ 할머니~!"

이제는 옆에 같이 가는 언니들이 부끄러워한다. 내 목소리가 커서 그랬겠지. 우리 셋과 유모차에 탄 성호를 제외하고 앞에 걸어가고 있는 사람은 분명히 내가 아는 뒤통수를 가진 분이시다.

"윤순 최!"

그제야 뒤를 돌아 나를 본다. 그렇다. 그녀의 이름은 윤순 최이다. 나의 엄마이자, 우리 성호의 할머니! 한 남편의 아내이자 세 아이의 엄마, 일하는 워킹맘, K-장녀, 맏며느리 등. 내가 수행하고 있는 사회적 역할에 허우적대며 살아온 나에게 엄마는 "나는 누구인가?"라며 멈추지 않고 새로운 도전을 하나씩 내놓았다.

"나 5월에 아파트에서 열리는 노래 대회에 나가 보려고."
"나 팟빵 게스트로 나가서 할머니 육아에 관해 이야기해 보려고."
"나 복지관에서 피아노 배우려고."
"나 여고 동창들과 함께 공연에 참여해 보려고."
"나 ○○구에서 하는 육아 에세이에 공모해 보려고."

어느 토요일, 큰사위가 윤순 최 님께 여쭈어보았다.
"어머님, 텃밭 일요일 점심에 가기로 했는데, 혹시 시간 바꾸실 수 있으세요? 더울 수도 있을 것 같아 편한 시간에 가려고요. 언제 가시는 게 좋으시겠어요?"
"응, 그런데 내가 오전에는 운동을 가고, 오후 3시에는 ○○을 만나기로 약속되어 있고, 저녁에는 ○동 모임이 있어서 이 시간밖에 없네. 호호호."
"아, 어머님은 계획이 다 있으셨군요! (사람 좋은 웃음을 지으며) 하하, 텃밭 가는 일이 그렇게 시간을 고정해야만 하는 중요한 일이었군요? 그렇게 바쁘시면 저희끼리 가서 텃밭 일 해 놓을까요?"
"아녀, 같이 가는 게 좋지."
"그럼, 날이 더워도 말씀하신 그 시간에 같이 가겠습니다!"

윤순 최 님은 역할에 메이지 않고 나 자신으로 살라는 삶의 태도를 몸소 보여 준다. 그녀가 보여 준 나 자신으로 사는 삶의 태도는 매우 규칙적이며 촘촘하다. 그녀는 매일 아침 일어나 기도하고, 독서 동아리에서 내준 숙제를 새벽에 충실히 수행한다. 아침밥은 꼭 챙겨 먹고 걸어서 여덟 정거장 떨어진 운동 센터에 간다. 점심을 먹고 손주를 돌보러 딸 집에 간다. 하루 지나 만난 손주와 함께 달콤한 시간을 보낸다. 정기적으로 만나는 친구나 동아리 모임 날짜에는 시간을 꼭 비워 놓으려 한다. 모임에 참석하기 위해 딸과 함께 손주 돌봄 스케줄을 조정한다.

어머니께서는 본인이 공평하게 받은 24시간이라는 시간을 허투루 쓰고 싶지 않아 하신다. 시간을 보낼 때 '나' 자신을 중심에 두고 스케줄을 작성한다. 윤순 최 님은 '본연의 내'가 어떤 것을 좋아하는지 끊임없이 탐색하고 실천하는 일을 최우선으로 생각하고 시간을 배치한다. 내가 살아보니 삶은 살수록 주어진 역할에 치이던데….

'가끔은 내버려두어도 괜찮겠지, 가지 않아도 괜찮겠지!' 하는 텃밭 가꾸기 활동도 꼭 시간을 내어 열심을 다 하는 모습에 저절로 고개가 숙어진다. 그 모습을 보고 있노라면, 아이가 그냥 얼른 자라기를, 시간이 얼른 지나기를 바라는 내 모습과 오버랩 된다.

'60 넘은 우리 엄마도 매사를 이렇게 열심히 하는데, 내가 대충 살아서 되겠나?' 지금, 현재, 여기에서 최선을 다하며 머무르는 삶의 태도!

그리고 내가 할 수 있는 것을 찾아보는 마음. 그것을 기쁜 마음으로 수행하는 모습. 나는 인생 선배이신 윤순 최 님의 삶을 통해 조금씩 배워가고 있다.

"안 아픈 청춘 엄마!

내 핸드폰 속에 저장된 윤순 최 님의 닉네임이다. 처음에 이 이름을 지을 때 엄마가 발끈했다. 뭐 마음 속속들이 알기는 어렵지만, 안 아파 보여 안 아프다고 한 것뿐인데. 최소한 현재 청춘들이 아파하고 있는 이유로 엄마가 아픈 것 같진 않아서 저장 문구를 바꾸지 않았다. 그리고 10년째 핸드폰에 같은 문구를 유지하고 있다.

'안 아픈 청춘'이란 말을 풀어서 설명해 본다면, 미래를 편안하게 꿈꾸며 사는 청춘이라 할 수 있다. 그렇다. 윤순 최 님은 미래지향적인 사람이다. 그리고 앞으로 일어날 가능성을 딸인 나에게 주기적으로 이야기한다. 방년 66세의 할머니가 장래를 꿈꾸는 것은 흔한 광경이 아니다. 보동 서런 말은 아이들이 많이 하곤 한다. '그래서 아이들이 할머니를 좋아하나?'

미래를 꿈꾸는 사람들은 에너지가 있다. 밝고 명랑한 긍정적인 에너지! 그 에너지를 윤순 최 님은 가지고 있다. 그래서 다섯 손주는 할머니가 집에 오길 손꼽아 기다린다. 하지만 막상 할머니는 집에 놀러 와도 손주의 이야기를 듣지 않는다. 할머니가 오늘 했던 일, 지난번에 했었던 일, 내일 할 일을 이야기하고 본인이 찍은 사진을 공유한다. 아이들은 자기 얘기를 들어 주지 않으면 싫어할 것 같은데, 다섯 명 모두 할머니 곁에서 이야기를 듣는다. 할머니가 자신의 이야기를 다 하고 나면 아이들은 본인이 했던 일과 내일 할 일을 신나게 털어놓는다. 손주들은 할머니와 대화하며 미래에 대한 꿈을 꾸고, 삶에 대한 기대를 품는 것이었다.

그녀에게는 삶을 열심히 사는 에너지가 있다. 그녀는 나보다 삶을 앞서 걸은 사람이다. 또한 삶을 정성스럽게 사는 방법을 알려 준 사람이다. 늘 나에게 삶의 영감을 제공해 주는 인생 선배이다. 앞으로도 계속 그녀와 함께하며 정성스럽게 한 땀 한 땀 삶을 꿰어 볼 것이다.

– 큰딸 올림

프롤로그
손주는 늘 귀한 손님입니다

저는 황혼 육아 7년 차, 매일 오후 손주들이 있는 집으로 '출근' 하는 할머니입니다. 결혼 전에는 고등학교 영어 교사로 일했고, 아이들을 키운 후에도 꾸준히 영어를 가르쳤습니다. 늦은 나이에 경기도 교육청에서 실시한 영어 회화 전문 강사 선발 시험에 합격해 초등학교에서 영어 전담 교사로 근무했습니다. 그 일은 저에게 큰 기쁨이자 자부심이었습니다.

정년까지는 조금 남아 있었지만, 큰딸이 육아휴직을 마치고 복직하게 된 상황! 아침마다 삼 남매를 챙겨 등원시킬 딸의 모습을 생각하니 눈앞이 캄캄했습니다. '내 일을 계속해야 할까, 아니면 멈춰야 할까?' 고민 끝에 한 걸음 물러서 생각했습니다.

손주 돌봄도 결국은 타이밍입니다! 모든 일에는 때가 있고 손주 돌보는 일이 더 보람되고 중요한 일이라고 생각해, 저는 조금 일찍 퇴직을 결심했습니다. 그 결정은 제 인생의 리듬을 완전히 바꾸어 놓았습니다. 큰딸 삼 남매를 돌보다가 지금은 작은딸 남매를 돌보고 있습니다. 운전이 서툴지만, 월요일부터 금요일까지 여전히 '출퇴근'을 합니다. 저는 퇴직자가 아니라, 여전히 '현역'입니다.

작은사위가 유연근무제로 남매를 등원시키고 출근하면, 저는 오후 2시쯤 딸 집에 도착합니다. 잠시 숨을 고른 뒤, 아이들을 하원 시키고, 학원 픽업을 하고, 간식을 챙겨 줍니다. 그리고 딸이 퇴근할 때까지 함께 놀며 하루를 보냅니다. 딸이 돌아오면 손주들의 열렬한 환대를 받으며 퇴근합니다. 갈 곳이 있다는 것, 돌봐야 할 손주가 있다는 사실이 참 다행이자 큰 행복입니다.

우리 딸들 키울 때는 '다른 애들보다 더 잘 자랐으면, 더 건강하고 똑똑했으면' 하는 마음뿐이었습니다. 하지만 사랑을 무한히 줄 수 있는 손주들을 객관적으로 바라보니, 그저 평범하게 커 주는 것만도 얼마나 감사하고 놀라운 일인지!

엄마로서의 육아는 몹시 외롭고 고단했습니다. 1980년대의 독박 육아는 몸도 마음도 벼랑 끝으로 몰아넣었죠. 그리고 직장 생활을 하던 시절, 자녀들이 아프거나 다쳤을 때, 세상이 무너진 듯한 표정을 짓는 동료 교사들을 보며 다짐했습니다. '내 딸들이 일할 때는 내가 손주를 돌봐야지.' 그렇게 실천할 기회가 내게 온 것이 감사합니다.

게다가 손주들은 매일 새로운 글감을 선물해 줍니다. 다섯 손주가 5

대 1로 던져 주는 사건과 에피소드에 둘러싸여 하루하루 웃고 울며, 행복하게 글을 씁니다. 그들과 함께한 시간은 제게 또 다른 성장의 기회를 열어 주었습니다.

   운동으로는 몸의 근육을, 글쓰기로는 마음의 근육을 튼튼히 붙들고 있습니다. 손주들 덕분에 세상을 바라보는 시선도 많이 달라졌습니다. 이제는 동네 어린이들을 만나면 그냥 지나치지 못합니다. 손주를 향한 다정한 눈빛이 어느새 이웃 아이들에게도 머뭅니다. 그리고 이름을 불러 주고 따뜻한 눈 맞춤과 다정한 말을 건넵니다. 손주를 돌보는 일은 쉽지 않습니다. 가슴 철렁한 일도 많지요. 하지만 그들이 주는 웃음, 한마디 말, 감동의 순간들이 저에게는 즐거움이고 큰 보람입니다. 아이들을 만나면 제 마음도 어느새 말랑말랑해집니다. 이 책은 그런 손주들과의 일상. 기쁨과 놀람, 웃음과 눈물이 뒤섞인 하루하루를 담았습니다.

   출산을 앞둔 부모와 결혼을 앞둔 신혼부부,
   지금 막 육아를 시작한 엄마 아빠,
   늦은 나이에 손주 돌봄을 맡은 조부모님들.
   그리고 내 아이, 네 아이 구분하지 않고 모든 어린이가 건강하고 안전하게 성장하길 다정한 시선으로 지켜봐 주는 이웃들에게-

이 책이 따뜻한 위로와 공감이 되길 바랍니다.

'아하, 이렇게 다른 시선으로 육아를 바라보는 할머니도 있구나! 육아가 꼭 힘든 것만은 아니네. 이런 즐거움도 있다고!'

세대가 서로 위로받고, 이해하고, 소통하면서 보이지 않는 끈으로 이어지는 순간! 우리는 이미 하나의 '놀이판' 위에 올라와 있는지도 모릅니다. 흥 많은 할머니가 쓴 조금은 엉뚱하고 사랑스러운 이야기 한 판! 이제 그 문을 열어 보려 합니다.

우리 가족 이야기 안내서

나	7년차 황혼 육아하는 유쾌한 할머니로 여전히 새로운 꿈을 찾아 도전한다.
남편	고장 난 물건은 뭐든 척척 고쳐내는 '맥가이버 Lee' 할아버지.
큰딸	세 아이를 둔 40대 워킹맘. 일과 가정의 양립을 꿈꾸며 일상에 허·덕·인·다. 때론 '엄마', 때론 '딸', '이모'로 등장.
큰사위	가족이 함께하는 놀이에 빠르게 반응하고, 장모님이 놀려도 생글생글 잘 웃는 '슈퍼 히어로' 아빠.
성호 (손주1)	상대방을 배려하고 존중하며 도전적인 열두 살 손자. 런데이 앱으로 기록을 세우며 달리는 걸 즐긴다. 요즘은 유튜브를 보며 일렉 기타를 독학하는 중.
성규 (손주2)	손재주가 좋아 만들기를 잘하는 아이로 건축가가 되는 것이 꿈인 아홉 살 손자. 블록이나 레고로 해적선, 로봇, 총, 탑 등 뭐든 척척 만들어 내는 재주꾼.
성은 (손주4)	종이 한 장 가득하게 사람을 크게 그리고 배짱이 있어 보이는 다섯 살 손녀. 암산으로 두 자릿수 더하기와 빼기를 함.

작은딸	두 아이를 둔 30대 워킹맘. 친정어머니가 남매를 돌봐줘 꾸역꾸역 직장 생활을 한다. 때론 '엄마', 때론 '딸', '이모'로 등장.
작은사위	사랑과 존중을 요리하는 아빠.
유정 (손주3)	활동지, 스티커 북을 척척 만들어 할머니, 동생과 선생님 놀이를 자주 하는 일곱 살 손녀. 그림을 잘 그리고 색칠을 꼼꼼히 하며 창의적인 아이디어가 많아 동화책 만들기를 좋아한다.
유준 (손주5)	날마다 할머니와 야구 게임하며 야구 선수 되는 것이 꿈인 네 살 손자. 공이 배트에 맞으면 '홈런'이라 외치고 할머니와 세리머니하는 것을 좋아한다.

차례

추천사 004
프롤로그 손주는 늘 귀한 손님입니다 011
우리 가족 이야기 안내서 015

관계
아이와 다시 맺는 사랑의 시간
큰딸네 삼 남매 이야기

우리 할머니는 엄마 할머니	023
눈물 끝에 터진 말, 다 포기하지 마!	028
귤 한 알로 만든 우주 쉼터	032
열 살 손자의 독립 선언	037
미디어 금지, 아침이 달라졌다	041
잡 인터뷰에 푹 빠진 3학년 손자	046
할머니표 독서 비법 레시피	051
손녀의 명령 편지, 사랑의 기술	056
할머니한테 엄마 냄새가 나요	060
1부 부록 세대 간 소통 노트	063

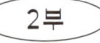

성장
놀이가 일러 준 삶의 기쁨
작은딸네 남매 이야기

육아에도 바통터치가 필요하다	073
손녀의 향기에 웃는 두 엄마	079
손녀에게 선물한 나의 첫 동화책	083
두 살 손자는 일춘기 극복 중	090
할머니와 육아 동지	096
선생님, 어른 학생 들어가도 돼요?	101
거실에서 펼쳐지는 겨울철 3종 체육 경기	106
살캉살캉한 애호박전, 미안함을 부치다	111
황혼 육아, 지혜로 배우는 두 번째 성장	115
2부 부록　우리만의 놀이터 만들기	119

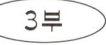

도전
황혼의 용기, 새롭게 피어나는 하루

손주를 사랑하지만, 내 삶도 지켜야 하기에	127
근거는 없지만 도전할 수 있어요	132
할머니의 빨간 자전거, 다시 달린다	137
막강한 힘, 그리고 도움과 배려의 장	142
대리 육아인 줄 알았는데 효도였다	149
밥상에서 미래까지, 주부는 생활 기획자	153
놀이터 아빠들이 우리 아이를 키우고 있어요	158
손자의 한마디에 웃음꽃 핀 새해 산행	162
땡큐 소비 쿠폰, 피아노 배우니 참 좋다	167
3부 부록 황혼 육아, 지금 시작하는 당신에게	172

> 4부

환대
모두를 위한 판을 깔아주는 품

유준이의 꿈	177
아빠의 방식으로 사랑하기	180
간식 보따리 속에 담긴 사랑	185
파란 하늘, 하얀 달, 작은 눈망울	190
사랑과 존중을 요리하는 아빠	194
사랑 동요제 발표회 날	199
눈 폭풍에서 구출한 체험용 김장거리	203
판은 할머니가, 쇼는 아이들이	208
위층 할머니가 건넨 희망	214
표고 향처럼 진해진 하루	219
4부 부록 작은 환대의 기술	224

에필로그 나의 빛나는 다섯 햇살   230

1부

관계

아이와 다시 맺는 사랑의 시간

큰딸네 삼 남매 이야기

우리 할머니는 엄마 할머니

♪

　2019년 2월 말일 자로 퇴직하고 큰딸의 일곱 살, 네 살 두 아들 어린이집 등원을 돕는 게 나의 첫 일이 되었다. 정년이 몇 년 남았지만, 복직해서 허위허위 두 아이를 둘러메고 전쟁 같은 아침을 시작할 큰딸 모습을 상상만 해도 머릿속이 복잡해졌다. 젊은이들이 끝까지 워킹맘을 유지하려면 누군가 도와주는 손길이 절실하다는 것을 직장에서 많이 봐 왔다. 심리적, 신체적으로 힘닿는 데까지 도와줘야겠다는 생각이 항상 마음속 깊이 자리 잡고 있었다.

　물론 퇴직 결심을 내리기 전에 두 딸과 충분히 상의했다. 늦은 나이에 마음에 든 직장에 들어간 어머니! 자식들은 자부심과 열정을 품고 즐겁게 일하는 엄마 모습을 보면서 차마 일을 그만두고 아이들을 돌봐달라는 말을 꺼낼 수 없었다고 한다. 손주를 돌봐야 하는 사정으로 엄마가 그렇게 좋아하는 직장을 그만두지는 말라고 간곡히 부탁했다. "엄마가 힘들어서 일을 그만두는 것은 이해하지만 억지로는 안 돼요." 하며 설득했던 두 딸. 그러나 결단을 내리지 못하고 우왕좌왕하는 친정어머니를 바라보며 그들의 속은 얼마나 타들어 갔을까?

워킹맘들의 고충을 너무나 잘 아는 엄마로서 손자 돌보는 것이 최우선이었다. 모든 것은 때가 있는 법! 예쁜 손주들을 돌보는 것도 의미 있는 일이어서 최종 결단을 내렸다. 엄마의 결심을 확인한 큰딸은 아들 둘을 어린이집에 등원시켜 주면 좋겠다고 정중히 부탁했다. 처음 큰딸의 제안은 이랬다. "엄마, 아침 2시간만 봐 주시면 돼요. 아침밥 먹이고 놀다가 어린이집에 등원시키면, 하원은 제가 할게요." 그래서 아주 간단하게 생각했다.

하지만 발끝까지 내려오는 엄마 옷을 걸치고 나풀거리며 "할머니, 이게 엄마 냄새예요. 엄마 냄새 나는 이 옷 입고 등원할래요." 킁킁거리며 냄새를 맡는 손자를 보며 웃을 수도 울 수도 없었다. 그런 아이들의 몸과 마음을 다잡아 아침밥 먹이고 등원시키는 일은 만만치 않았다. 교사와 학생, 부모와 자식, 연인 사이에도 밀당이 필요하다. 할머니와 손자들 사이에서도 이런 전략은 아주 중요했다. 3월 한 달 동안 우리는 보이지 않는 밀고 당기기를 하며 두 손자는 할머니에게, 할머니는 손자들에게 적응해 갔다.

그동안 아이들은 일주일에 한두 번 외갓집에서 편하게 저녁 식사를 하며 할머니, 할아버지와 어울렸다. 그러나 오랫동안 엄마와 편안하고 안정된 마음으로 어린이집을 다녔다. 그러던 손주들은 엄마가 아닌 할머니와 새로운 생활을 시작하려니 긴장도 되고 불안한 듯 보였다. 자주 부딪히며 싸우고 울 때는 얼마나 당황스럽던지!

어떻게 하면 아이들과 할머니 모두가 행복하게 생활할 수 있을지 고민이 되었다. 지역 상담 선생님과 마주 앉아 이야기를 꺼내는 순간, 그동안 꾹꾹 눌러 참아온 감정이 한꺼번에 치밀어 올라왔다. 목이 메고 가슴이 뜨겁게 차오르더니 말끝이 흐려지며 눈물이 와르르 쏟아졌다. 손수건으로 아무리 닦아 내도 자꾸만 흘러내리는 눈물은 멈출 줄을 몰랐다. 그 순간 선생님이 조용히 내 손을 감싸 쥐며 위로했다. "다 잘될 거예요. 손주들은 할머님의 정성과 사랑으로 잘 커 갈 거예요." 그제야 마음속 억눌렸던 두려움과 불안이 스르르 풀려나가듯 가볍게 흘러갔다.

두어 달이 지나 손자들과 어느 정도 편안한 관계가 형성되었다. 둘째 손자는 엄마가 있을 때는 나를 할머니라고 부르고, 출근하고 눈에 보이지 않으면 엄마 할머니라고 불렀다. 둘째는 아침마다 얼굴 가득 웃음을 담고, 실눈을 뜨며 할머니 가슴팍을 파고들었다. 꽉 안아 주라며 보드라운 엉덩이를 들이미는 모습에 할머니는 홀딱 빠지고 말았다. '세상에 누가 나를 이렇게 행복하게 만들어 줄 수 있을까?'

조카 바보인 작은딸은 지난해 딸을 출산하고 육아 휴직 중이다. 결혼 전부터 언니 집에 오는 것을 가장 좋아했던 작은딸! 조카들 보는 것이 가장 행복한 취미활동이고, 그들이 최고의 베프란다. 가끔 조카들이 어린이집 등원 전에도 보고 싶다고 돌도 안 된 손녀를 둘러메고 달려오곤 했다. 멍하니 비몽사몽이다가 오빠들 환호성에 깜짝깜짝 놀라며 울기도 했지만, 서서히 적응하는 두 살 손녀 유정이. 가끔 오빠들에게 살포시 기대기도 하고 장난감에 관심을 보이며 셋이 어울려 놀기도 했다. 그 모습은 어디에서도 볼 수 없는 황홀한 광경으로 불도장처럼 오랫동안 내 가슴에 남을 것이다.

　작은딸은 이렇게 소중한 장면 하나하나를 놓치기 아쉽다며 열심히 셔터를 누르고 추억을 담았다. 친정엄마로서 두 딸이 출산 후에 '혹여나 산후우울증에라도 걸리지 않을까?' 노심초사하며 세심하게 지켜봤었다. 생각해 보니 이렇게라도 친정엄마와 조카들 보러 오는 것이 그녀 나름의 우울함을 떨쳐 버리는 해결책이었을까? 그런 이모 사랑에 보답이라도 하는 것인지, 큰손자는 취향 저격의 말로 자주 이모를 심쿵하게 한다. 이모하고 체스 게임을 하면서 이렇게 말한 적도 있다.
　"이모, 내가 돌봐 줘야 할 대상이 1번, 2번, 3번이 있어."
　"그게 누구야?"
　"1번은 엄마 뱃속에 있는 동생, 2번은 사촌 여동생 유정이, 3번은 내 동생 김성규야. 1번은 잘 보살펴줘야 하고, 2번은 잘 놀아 줘야 하며, 3번과는 잘 싸워야 해."

　이모와 체스 게임을 재미있게 하는 형을 본 네 살 손자, 성규는 심통이 났는지 체스판을 막 뒤엎으려고 달려들었다. 그 순간 큰손자, 성호는 한 손으로 동생을 야무지게 제압하며 씨익 웃는다. "이모, 봤지? 이렇게 3번과는 자~알 싸워야 해." 어쩜 이렇게 식구들과의 관계를 잘 파악하는지! 우리는 혀를 내둘렀다. 육십 평생을 살아 보니 인간사에서 가장 중요한 것은 관계다. 겨우 일곱 살짜리 아이가 상황 파악을 이렇게 잘하다니! 우리 큰손자 정말 놀랍도록 듬직하고 멋지다. 그러거나 말거나 둘째 딸은 자기 딸이 순번 2번이라는 것에 감동하고 조카들을 격하게 끌어안으며 뽀뽀 세례를 해댄다.

　'아이들의 머릿속에는 얼마나 더 크고 멋진 생각들로 가득할까?' 요즘 나는 어른들보다는 아이들에게서 더 많은 것을 배운다. 사얀스럽게 생각이 많아지고, 감성의 폭이 더 넓어진 것 같다. 몸으로 부대끼며 손주 돌보면서 받는 이 느낌은 피곤함을 쏴~악 날려 버리는 청량제다. 나는 손주들이 평범하게 내뱉는 이 소중한 말을 그 순간 그 장소에 있기에 담을 수 있다. 아이들은 사랑을 받으며 자라고, 어른들은 그 사랑 속에서 다시 힘을 얻는다.

눈물 끝에 터진 말,
다 포기하지 마!

♪

어느 봄날, 날씨도 화창한데 딸이 출근하기 전부터 손자 둘이 싸우고 난리다. 남자아이들이라 싸울 땐 인정사정없다. 얼마나 격렬하게 싸우던지 큰손자와 내가 넘어질 뻔한 아찔한 순간이었다. "야, 너 때문에 우리 둘이 다칠 뻔했잖아." 정색하며 소리를 버럭 질렀다. 둘은 궁색한 변명을 대며 뭐가 서운한지 눈물을 뚝뚝 흘리며 방으로 들어가 문을 쾅 닫는다. 아빠 방에서 울다가 오리 새끼처럼 쪼르르 큰 방으로 들어가 또 문을 걸어 잠근다. '속상한 것은 할머니인데 뭐를 잘했다고 저러지? 무엇 때문에 우는지 나도 알면 좋을 텐데.' 속이 탔다. 할머니가 큰 소리 한 번 쳤다고 저렇게 둘이 합세해 문을 꼭꼭 잠그고 시위하니 얼떨떨했다.

그날은 기타 공연을 앞두고 음악실에서 연습하기로 한 날이었다. 혹시나 아이들이 새로운 악기에 관심을 보일까 해서 아침부터 기타를 메고 딸 집에 갔었다. '일단은 무관심 작전으로 버텨야겠다. 손주들과도 적당한 밀당이 있어야지. 허구한 날 할머니만 속마음을 감추며 애를 끓일 필요는 없지 않을까?'

〈다 포기하지 마, 오직 하나뿐인 그대〉 합주곡을 불편한 마음으로 연습했다. 그래도 아무 반응이 없다. 이건 아닌가 싶어 아이들이 알 것 같은 〈반달, 사랑의 인사, 학교 종〉을 연주했다. 이쯤 되면 '할머니 뭐야?' 하며 톡 튀어나올 법한데 감감무소식이다.

〈아빠와 크레파스〉는 부끄러워 크게 부르지 못하고 기타만 살금살금 치고 있었다. '아니, 요것들이 그래도 무소식이네.' 화를 벌컥 내며 문을 똑똑 두드렸다. "너희가 문 열어 주지 않으면 엄마한테 전화해서 열쇠 찾는다. 잉~." 그제야 못 이긴 척 문을 열어 주었다.

"왜 울어? 너희가 아침부터 싸움질한 것이 잘한 일이야?"

"아직 마음이 다 풀리지 않아서 울어."라며 속마음을 털어놓는다. 나는 손주들 옆에 나란히 누워 옛이야기를 꺼냈다. "할머니도 어렸을 때 어른들한테 혼나면 슬퍼서 장독대 뒤에 숨어서 펑펑 울었어." 그제야 마음이 풀어지는지 입가에 미소가 번진다.

그날은 큰딸이 아이들을 늦게 하원 시키는 날, 저녁을 같이 먹는 날이라 외갓집으로 데려왔다. 큰 가로수 길을 무심코 걷는데, 갑자기 둘은 짝짜꿍이 되어 시시덕거리며 노래를 부르기 시작했다.

"그리움 두고서 가지는 마. 나 홀로 있으면 외로운데.
그대의 얼굴을 바라다보며 정다운 얘기를 나눌래.
어디서 오는지 알 수는 없지만 사랑은 이렇게 달콤한 것.
다 포기하지 마! 다 포기하지 마!"

"이게 무슨 일이야?" 깜짝 놀라 물으니 아침에 울면서 할머니가 기타치면서 부른 연주곡 가사를 외웠다고…. "요런 깜찍한 녀석들 같으니라고!" 두 놈을 옆구리에 끼고 간지럼을 태웠다. 아이들은 무엇이 그렇게 즐거운지 까르르까르르 숨넘어가게 웃는다. 울면서도 할머니가 뭐하는지 쏙닥거리며 이렇게 신통방통한 짓을 했다니!

    아이들도 엄마가 출근하면 허전하고 어디에 마음을 둘지 몰라 힘든 모양이다. 할머니가 아무리 세상에 없는 사랑을 쏟아부어도 엄마 사랑만 하겠는가? 가끔 싸움질로 엄마 마음도, 할머니 마음도 박박 긁는 날이 있다. 아마 그날도 그랬던 거다. 사실 할머니는 손주들이 말한다고 그들 감정을 다 알아차릴 수 없다. 그날 저녁 딸한테 아침에 일어났던 일을 자세히 설명하니 박장대소하며 숨넘어가게 웃어대는 딸! 아이들도 엄마 웃음소리에 깜짝 놀라 마치 인디언들이 춤추듯이 "우거 우거"

소리치며 밥상 주위를 빙빙 돈다. 초등교사인 딸도 학생들에게 근대사를 가르치는데 정리가 안 되고 복잡해 안무하여서 외운단다. 학생들도 다 외운 걸 막상 가르치는 선생님만 허둥대며 못 외운다나!

　아이들이 일주일에 한두 번은 외갓집에 온다. 거의 버스를 타지만 그날은 셋이 조금 먼 길을 도란도란 걸어서 왔다. 그들은 어른들이 어떻게 대하는지 다 지켜보고 나름의 잣대로 평가하고 있다. 잘못된 것은 호되게 야단치고 잘한 것은 폭풍 칭찬을 해 줘야 자존감도 높아지고 바른 태도를 보일 것이다. 제3 양육자인 할머니도 손주들 교육에 참여해 잘잘못을 알려 줘야 한다고 생각한다. 그런데 딸은 말한다. 조부모는 무조건 사랑으로 보듬기만 하라고. 교육은 자기들이 맡겠다고. 그렇게 말하니 살짝 혼란스럽다.

　그날 가깝지만, 먼 외갓집 오는 길이 특별했을까?
"다 포기하지 마!"
　아이들도, 나도, 오늘의 삶도!

귤 한 알로 만든 우주 쉼터

♪

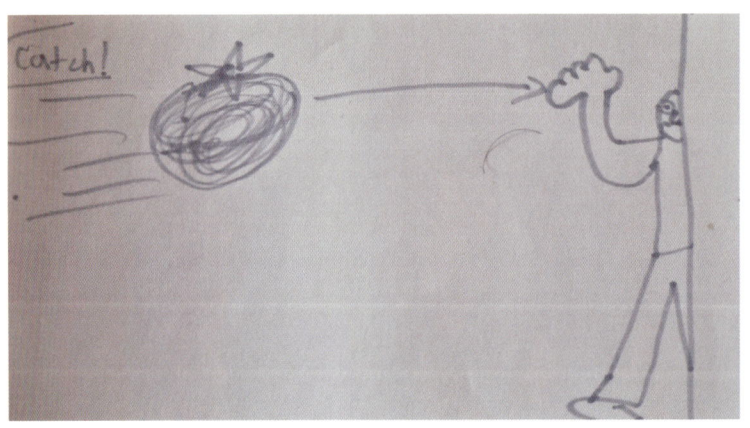

'아이들은 심장이 뜨거워서 가만히 있질 못하고 아이들이 뛰지 않으면 아픈 거'라고 한다. 동생이 생기기 전까지 모든 사랑을 독차지했던 형.

'형은 동생의 만만한 스파링 대상일까?'

동생의 끊임없는 도전과 들이받힘으로 형은 조금 더 단단해질 것이다. 기득권을 지키려는 형도 동생을 적당히 무시한다. 그의 애착 인형을 던지거나 열심히 만들고 있는 블록을 쓰러뜨려 소심한 반격을 하는 것이 나름의 생존 전략인가? 첫째는 아무런 방해꾼 없이 온 가족의 환대와 사랑을 받아 왔다. 형에게 아우가 생긴다는 것은 마치 첩을 본 아낙처럼 온 세상이 무너지는 듯 스트레스를 받는다고 한다. 항상 형이 부러운 동생은 형에게 들이대고 끊임없이 치근덕거린다. 그때 형은 동생을 주먹으로 한 대 쥐어패면 속이 후련하고 딱 좋을 텐데. 그래도 참고 속상해하고 우울해한다.

오늘 아침도 행동 빠른 성규는 재빠르게 밥을 먹고 밥상머리에서 멍하니 앉아 있는 형에게 시비를 건다. 그렇게 싸움질하다가 우는 놈, 도망 다니는 놈, 한순간에 온 집안이 아수라장이 되었다. 딸은 화가 치밀고 밥 먹으라고 재촉하다가 큰손자에게 "밥 그만 먹어." 하고 밥그릇을 뺏어 버렸다. 그것이 마음의 상처였을까? 큰손자가 아침 내내 우울해 보였다. '우리 때는 말이야, 언감생심 밥투정이라고 그런 애들은 눈 씻고 찾아볼 수도 없었어. 설혹 밥 안 먹고 투정 부려도 어른들은 원래 창시(창자)는 못 속이는 법이다. 뭐라도 먹었으니 안 먹는다, 라며 무

관심한 태도로 일관했다. 자연히 창시에서 꼬르륵 소리가 나니 밥상머리에 당겨 앉곤 했었지!'

　오래전 두 손자를 돌보면서 『제라드의 우주 쉼터』라는 동화책을 읽었다. 그때는 그들과 할머니의 우주 쉼터를 비교하며 훈훈한 아침을 보냈던 기억이 난다. 우주 쉼터란 슬프거나 힘들거나 화가 났을 때 마음을 안정시키고 감정을 가라앉히기 위해 나만의 공간에 들어가는 일종의 '긍정적 타임아웃 제도' 같은 것이다. 오늘 아침 엄마에게 밥그릇을 빼앗기고 동생과 싸운 뒤 큰손자는 상심이 큰지 이불을 둘둘 말아 뒤집어쓰고 심드렁하여졌다.

　딸이 출근 후 나는 조곤조곤한 목소리로 "성호야, 너의 우주 쉼터는 여전히 이불인 거야?" 고개를 끄덕인다. 그런 손자 마음을 달래 주고도 싶고 방 밖으로 나오게 해서 이야기로 풀어내고 싶었다. 야구 좋아하는 큰손자한테 비타민C가 듬뿍 담긴 귤을 보여주며 "김성호, 귤 받아라!" 하니 벽 뒤에 몸을 완전히 숨기고, 얼굴을 반쪽만 내밀며 귤을 받는다. "Nice catch, give it back." 반사적으로 손자가 귤을 던졌다. 귤을 몇 순배 던지고 받다가 점점 기분이 풀어지는 듯했다. 마지막 순간에 손자가 어찌나 세게 던지던지 귤은 저기~ 밥솥 뒤로 떼구루루 굴러가 박혀, 노란 파편처럼 화악 터져 버렸다. 나는 호탕하게 웃으며 말했다. "워~ 워~ 워~ 우리 성호 파워 엄청 센데!"

우린 서로 눈치 보며 시큼한 과즙이 흘러내리는 귤을 까먹었다. 그 순간 피식 웃음이 새어 나왔다. '아직도 기분이 안 풀렸을까? 벌써 사춘기인가?' 몸은 벽 뒤에 완전히 숨기고 반쪽 얼굴만 내민 큰손자 모습이 너무 웃기고 짠해서 하루 내내 그 생각으로 머릿속이 가득 찼다.

  둘째 손자와 유치원 등원 길에 나눈 대화다. "성규야. 요즘 형 마음이 좀 슬픈 거 같으니, 형한테 너무 들이대지 말고 잘해라." 그랬더니 유모차에 탄 셋째가 말하는 거다. "오빠? 나한테도 잘해라." 그땐 철석같이 알았다고 대답했지만 아마도 도루아미 타불일 것이다. '그렇지! 애들은 싸우면서 미운 정도 고운 정도 들고 크는 거지 뭐?' 조금만 더 크면 큰손자는 문 닫아걸고 아무하고도 말도 하기 싫고, 아는 체하기 싫은 만사 귀차니즘인 사춘기가 도래할 것이다. 둘이라서 서로 의지하고 셋이라서 지원군이 더 있는 것!
  돌이켜보면 우리도 나름의 우주 쉼터가 있었다. 나의 우주 쉼터는 장정 한두 사람 몸집보다 더 컸던 간장 항아리가 있는 장독대였다. 항아리가 어찌나 크던지 다른 사람의 눈에 띄지 않아 하루 내내 숨어 있어도 누구 하나 찾는 사람이 없어서 안심되었던 피난처! 갈등이 생길 때, 나는 나만의 공간을 찾아가곤 했다. 무엇을 했는지 기억나지 않지만 엄마한테 혼나고 숨어서 울음을 삼킨 듯하다. 단지 억하심정으로 내 엉덩이만 한 방석에 앉아 주로 학교 공부를 했었는데….

지금 생각해 보니 '책을 읽거나 일기라도 썼으면 오늘날 감성이 얼마나 더 풍부해졌을까?' 아쉬움만 남는다. 그땐 단지 식구들과 떨어진 한적한 공간을 발견했던 것이 무척 행복했었다. '나만 아는 공간, 아무 죄책감 없이 바쁜 부모님 눈 피해 숨어서 한가하게 숨 쉴 수 있었던 곳.' 그곳이 바로 사춘기 시절 나의 안식처였다. 우주 쉼터는 어린 시절에도 지금의 삶 속에도 필요하다. 잠시 숨을 고르고 마음을 달래는 우리의 쉼터! 그곳이 어디든 누구의 품이 든 결국 단단하게 우리를 지탱해 주는 힘이 될 테니까.

열 살 손자의 독립 선언

♪

　누구든 편안함을 추구한다. 요즘같이 풍족한 시대엔 조금의 불편함도 용납하지 않으려는 경향이다. 아이도 어른도 부모와 자식 간에도 서로 어색한 관계를 피하려 든다. 마치 맞지 않은 옷을 입은 듯, 뭔가 어색하고 언짢아한다. 잇속에 무언가 끼면 쩝쩝 소리를 내며 불어내든지 이쑤시개를 동원해서 기어코 빼내고 말듯이…. 불편함 또는 거북한 관계는 하루속히 떨쳐 버리거나 정리해서 편안한 관계를 유지하고 싶어 한다. 이러한 불편함은 관계를 어떻게 변화시키는가에 대한 고민을 불러일으킨다.

　'불편'이라는 사전적 의미는 아래와 같다.
1) 어떤 것을 사용하거나 이용하는 것이 거북하거나 괴로움.

2) 몸이나 마음이 편하지 아니하고 괴로움.
3) 다른 사람과의 관계 따위가 편하지 않음.

  몇 해 전, 큰딸 삼 남매를 돌볼 때였다. 그 무렵 불편함으로부터 독립해 누구의 간섭도 받지 않고 자기만의 공간을 확보하려는 열 살 손자, 김성호! 그의 야무진 전략에 나는 늘 호기심이 일었다. 내가 들어가면 후다닥 무언가를 숨겼는데 그것은 다름 아닌 태블릿 PC였다. '저 아이는 어떤 콘텐츠를 좋아할까? 왜 비밀스럽게 보려고 할까? 설마 이상한 걸 보는 건 아니겠지? 할머니가 아는 것이 그렇게 싫은가?' 숨기려고 하면 할수록 내 궁금증은 비밀의 문을 하나씩 열 듯 자꾸만 커졌다.

  내가 손주 돌보기 시작할 때 큰딸은 말했다. "엄마, 두 아이 유치원 등·하원만 해주세요. 3학년인 성호는 학교 수업 끝나고 혼자 집에 있는 연습도 필요해서요. 중간에 비는 시간은 엄마 마음대로 활용해도 돼요." 큰딸은 뭐든 도전하고 새로운 사람과 인연을 맺고 싶어 하는 엄마를 지지하는 데 진심이다. 호기심 가득한 엄마, 마음의 주름살이 지지 않도록 관리하는 엄마가 좋단다. "무기력하게 허투루 살지 않고 생동감 있게 지내는 엄마가 좋아요. 나도 나이 들면 엄마처럼 활기차게 살고 싶어요."라고 말했다. 딸은 손주 돌보느라 엄마가 자유롭게 활동하지 못함을 제일 미안해했다.

하지만 초등학교 3학년 손자의 수업이 끝나는 시간은 1시 50분이었다. 얼마 후 손자는 아무도 없는 집에 혼자 들어오는 것이 허전하고 쓸쓸하다고 말했다. "엄마, 그냥 할머니가 내가 학교에서 돌아올 때 집에 계시면 안 돼요?" 딱 그 한마디에 내 일정은 완전히 달라졌다. 나는 취미활동 시간을 쫀쫀하게 쪼개 허둥지둥 마친다. 손자가 학교 수업이 끝날 때쯤, 도루에 성공한 야구 선수가 'Safe'를 외치는 심정으로 아슬아슬하게 손자를 맞이했다.

그러나 내 마음과는 달리 손자는 할머니와 함께 있는 것이 불편할 수도 있다. 학교에서 돌아온 아이는 학원 가기 전 딱 2시간, 자기만의 세상에서 태블릿 PC로 즐기는 시간과 공간 확보가 소중했다. 그는 할머니가 미디어 사용을 좋아하지 않는 것을 잘 안다. "성호야? 뭐를 그렇게 재밌게 보냐?" 훅 들어가 물으면 반사적으로 움찔하다가 뒤로 물러나며 말했다. "아무것도 아니야, 할머니." 절대로 할머니가 들어오지 못하도록 철통같이 장벽을 치고 얼굴엔 아리송한 미소를 띠며 할머니를 안심시킨다. 처음엔 서운했다. 내가 하고 싶은 일도 포기하며 아슬아슬하게 왔는데, 오히려 나를 부담스러워하다니! 가끔 패드를 보며 키득키득 웃을 때 "와, 우리 손자는 뭐가 그리 재밌어서 웃는 걸까?" 물으면 "할머니 말이 더 웃겨서요." 반박하기도 어려운 달콤한 목소리로 대답한다.

그 순간 '아, 이 아이가 사회생활을 참 잘하고 있구나!' 하는 생각이 든다. 자기 세계를 지키면서 관계의 균형을 놓치지 않는 열 살 손자! 그래서 나도 태도를 바꿨다. 나는 손자 곁에서 책을 읽거나 글쓰기 숙제, 다른 정보 찾는 데 몰입한다. 같은 공간에 있지만 손자와 나는 각자 다른 일에 집중한다. "성호야, 할머니는 글쓰기 숙제가 어렵네. 사실 나는 글 쓰는 재능은 없는 것 같아. 그래도 숙제는 하려고 노력해. 너는 숙제 다 했니?"라고 물으면, 손자는 "네. 다 했어요." 하고 똑 부러지게 대답한다.

어쩌면 손자의 전략이 저도 살고 이 할머니도 사는 최선의 방법일 수도 있겠다. 만약 할머니한테 일말의 명분이라도 주었더라면, 학창 시절 공부 좀 했던 기세로 몰방하고 감정적으로 지치고 우리의 관계는 진즉 무너졌을 것이다. 열 살 우리 손자, 적당한 선을 유지하고 자기 세계를 지키는 법을 아는 아주 영리한 아이다! 그는 '불편으로부터의 독립'을 통해 할머니와의 사이도 지켜내고 있었다. 손자의 작은 독립 선언은 가까이 있지만 서로 간섭하지 않고, 사랑하지만 붙들지 않는 지혜. 이것이야말로 모든 세대가 함께 살아가는 데 필요한 '편안한 거리' 아닐까?

미디어 금지, 아침이 달라졌다

♪

'아이들이 심심하니 정말 창의적인 활동을 하는구나!'

요즘 삼 남매가 노는 모습을 보면 나도 모르게 실실 웃게 된다. 코로나는 절정기인 2020~2022년까지 우리의 평범한 일상을 사정없이 할퀴었고, 위협적이었다. 그 당시 바깥사돈께서 큰손자, 다섯 살 손자, 두 살 손녀, 세 아이를 온종일 돌보셨다. 가끔 사위와 딸까지 재택근무를 하니, 여섯 명이 한 공간에서 북적거렸던 시절! 그런 어려움을 헤치며 손주를 묵묵히 돌보셨다. 아이들을 끔찍이 예뻐하셨던 사돈께서 1년 6개월 동안 어려운 고비를 잘 넘겨주시더니 갑작스럽게 허리통증으로 올 수 없게 되었다.

사돈이 힘들 때 나는 하고 싶은 것을 찾아 즐기며 행복하게 지냈다. 이젠 갑작스럽게 큰딸 삼 남매를 돌볼 수밖에 없는 상황이 오니, 자유로운 영혼의 소유자인 나는 무척 마음이 불안정하고 불편했다. 아침마다 밥상머리에서 정신 놓고 앉아 있는 아이들을 보는 것만으로도 힘들었다. 게다가 두 손자가 영어 학원 숙제한다며 태블릿 PC로 소리를 크게 듣는 것이 계속 귀에 거슬렸다. 나는 소리에 민감하고 시끄러우면 귀가 제일 먼저 피곤하다. "혹시 아이들의 귀, 청력에 문제가 있어 크게 듣는 거 아닐까?" 딸에게 물었다. 계속 태블릿 PC로 영어를 들으니 머리가 지끈거려 볼륨을 줄여 달라고 부탁했다. 남자애들은 원래 주의력과 집중력이 부족하다고 하던데…. 들리지 않는 건지, 듣지 않으려고 작정한 건지 피로감만 점점 쌓여 갔다.

특단의 조치로 딸에게 부탁했다. "아이들 등원 전 1시간만 태블릿 PC 보는 걸 금지해 줘." 아침 등원 전까지 40분 정도의 여유 시간이 생겼다. 심심한 틈을 타 큰손자는 디지털 피아노로 놀기 시작했다. 피아노 버전을 일렉트릭 주법, 록 스피릿 주법으로 연주하고 때론 교회 합창곡 반주도 했다. 자기가 연습한 반주를 녹음해서 살짝 틀어 놓고 가는 센스까지…. 아침 시간에 또 다른 활기가 집안에 가득 찼다. 디즈니 영화 '알라딘' 주제곡 〈A whole new world〉와 '미녀와 야수'의 〈Tale as old as time〉 OST를 연주하는 모습은 마치 영화처럼 환상적이고 달콤하기까지 했다. 더욱 놀라운 것은 하원 후에도 계속 책 읽는 모습을 볼 때 감탄과 기쁨이 뒤섞여 어깨가 으쓱해졌다. '미디어 금지한 것

이 정말 신의 한 수였네!'

며칠 후 아침밥을 먹고 여유로워지니 딸이 잔잔한 음악을 틀어 놓았다. 손자 둘은 책을 읽고 나는 막내가 들고 온 책을 읽어 주었다. 아무도 소리치거나 찡얼거리지 않아 마치 도서관 같았다. 서로를 배려하는 마음과 규칙을 지키는 것 같아 신기했다. 나는 딸 귀에 대고 조용히 속삭였다. "뭐 천국이 따로 있냐? 이런 것이 천국이지! 정말 이상적인 아침 풍경이지 않니? 내가 해 보고 싶은 것이 바로 이런 모습이었어. 난 너희 키울 땐 왜 이런 생각을 못 하고 살았을까? 참 아쉬워!"

"엄마? 다 훌륭한 할머니 보육교사 덕분이지요."

수다스럽거나 호들갑스럽지 않은 딸이 엄마를 인정해 준 것이다. 딸한테 인정받은 것은 뜨거운 여름날 후드득 때리는 시원한 빗줄기를 온몸으로 받았을 때처럼 통쾌했다. 그 일은 아직도 내게 뿌듯함과 즐거움으로 남아 있다.

조기교육에 대한 반성

실제 30여 년 전, 우리 아이 키울 때는 영어 비디오를 틀어 주기만 해도 영어가 자동으로 습득된다는 이론이 팽배했다. 영어를 전공한 나도, 딸들이 어려서부터 영어를 접해서 잘하길 누구보다 간절했다. 언어학자 촘스키는 인간의 뇌는 언어습득 장치, LAD(Language Acquisition Device)가 태어날 때부터 형성된다고 주장했다. 많은 광고가 이 이론을 유리한 편으로 끌어들여 외국어는 특히 유아기에 시작하는 것이 가장 효과가 크다고 주장했다. 게다가 열세 살이 되면 LAD라는 언어 습득 장치가 점점 없어진다며 영어 조기교육의 필요성을 강조했고, 부모들에게 불안감과 조바심을 안겨 주었다.

지금 생각해 보니 얼마나 우매하고 지탄받을 행동인가? 그때 교육 트렌드는 그랬고, 그때는 그게 옳다고 굳게 믿고 맹목적으로 따라 했다. 물론 조기교육을 통해 좋은 결과를 얻어 낸 아이들도 있었다. 나는 30년 전 상당히 비싼 영어 비디오테이프를 사서 종일 틀어 주고 집안일도 했었다. 아이 영어도 늘고 엄마도 쉴 수 있으며 다른 부모들보다 더 많이 투자했다며 의기양양했고, 안심과 위로를 받았다. 저절로 영어가 터진다는 상업 술을 믿고 실천했다.

그러나 교육 현장에서 비디오 증후군으로 고생하는 아이들을 보고 나서야 '내가 얼마나 위험천만한 일을 한 건가!' 자책도 했다. 비디오 증후군이란 영아기의 아이들이 비디오를 비롯한 시각적 매체에 장시간 노출이 되면서 정상 발달에 문제를 보이는 증상이다. 그로 인해 사회성 이상, 의사소통에 장애가 생기는 것을 말한다. 우리 딸에겐 그런 증상이 없다는 사실에 안심이 되었고 가슴을 쓸어내렸다. 지금, 나는 너무 어렸을 때부터 조기 교육하는 것을 마뜩잖게 생각한다. 모국어를 어느 정도 잘하게 된 다음이 가장 좋은 때라고 생각한다. 어릴 때는 영어 노래 듣기, 부모가 영어책 읽어 주기 등으로 익숙한 환경을 만들어 자연스럽게 접근하는 것이 좋다. 영어교육에 비디오가 도움 될 때도 있다. 단지 너무 어릴 때부터 무분별하게 노출하는 것은 지양했으면 한다.

그러나 모든 결정은 부모가 내리기 때문에 제3 양육자인 할머니는 의견만 제시할 따름이다. 이럴 때 부모는 시대의 흐름도 정확히 읽어야 한다. 그리고 유행에 휘둘리지 말고, 자신의 신념과 원칙을 세우고 소중한 자녀를 위해 접근해야 한다. 부모 노릇도 똑똑히 하고 무언가 결정하고 투자할 때는 가격이나 심리적 만족도, 효율성, 창의성까지 계산에 넣어 둘 필요가 있다.

잡 인터뷰에 푹 빠진
3학년 손자

♪

초등 3학년 손자, 성호는 잡 월드 체험 학습 후 직업 인터뷰 삼매경에 빠졌다. 어느 날 아이는 물었다.

"할머니! 할머니 직업은 뭐예요?"

"손주 돌보미야."

"할머니? 그런 직업도 있어요?"

"물론 할머니는 삼십 년 동안 영어를 가르쳤던 선생님이었어. 지금은 퇴직했지."

손자는 할머니가 선생님이었다는 사실이 지금 상황과 달라서 이해가 되지 않을 것이다.

"할머니는 우리를 그냥 돌봐 주시잖아요."

"아니야, 엄마가 고마움을 표현하지!"

"얼마 줘요?"

"엄마한테 물어봐."

"엄마가 사용자야. 하하하." (할아버지가 아이디어 줌)

큰손자는 직업이 있으면 돈을 벌 수 있다는 사실을 어렴풋이 아는 듯하다.

"너희 집에 오는 이모님도 가사 도우미라는 직업인이야. 그녀는 엄마 아빠를 대신해 일을 하지. 네 부모가 맞벌이잖아? 직장도 가야 하고, 너희 육아도 해야 하니 힘들겠지? 그래서 이모님께서 도와주시는 거야. 물론 엄마가 돈을 지급하지. 너도 가족 구성원이니 스스로 할 수 있는 일은 찾아서 부모님 부담을 덜어 주는 것 어때?" 초등 3학년 교육과정에, 직업에 관한 궁금증을 알아보고 체험하기 과정이 있다. 세상에 있는 여러 직종을 알아보고 옷도 입어 보며 간접 경험을 한다. 평소에 관심 있는 부스에 가서 미래의 직업을 탐색해 보는 견학 코스다. 우리 두 딸도 어렸을 때 남편이 일하는 아파트 건설 헌징에서 체험했있다.

직업에도 생로병사가 있어서 시대에 따라 다양하게 변한다. 잘 나가던 직종이 시들해지기도 하고 심지어 없어지기도 한다. 또한 듣도 보도 못한 새로운 전문 분야가 생기기도 한다. 요즘은 다양하고 감히 생각지도 못한 직종이 수천 가지다. 요즘 초등학생들이 가장 선호하는 일은 유튜버다. 친구들이 핸드폰이나 컴퓨터를 쉽게 접할 수 있기 때문이겠지!

"성호야, 너는 커서 뭐가 되고 싶어?"

"아직 정하지 못했어요."

손자는 견학을 다녀온 후 만나는 사람마다 인터뷰를 했다. 지난 주말 손주들이 우리 집에 놀러 왔다. 큰손자가 할아버지와 베란다에서 조곤조곤 대화하며 씨앗도 심고 화초를 정리하는 모습이 무척 보기 좋았다. 손자는 드디어 먹잇감을 제대로 문 듯 호기로운 목소리로 물었다.

"할아버지! 할아버지, 직업이 뭐예요?"

"전기 공사 감리원."

"그게 뭐예요?"

"집이나 건물, 아파트를 지을 때 전기공사가 필요하겠지. 할아버지는 전기 공사할 때 잘못된 점이 있으면 시정하라고 지시하고 공사에 책임을 지는 일을 해. 책임감이 아주 크지. 직장에서 월급을 받으니, 할아버지가 하는 일에 철저하게 책임을 져야 해."

할아버지는 손자 눈높이에 맞추어 자상하게 설명해 주었다. 손자가 얼마나 알아들었는지 모르지만 그렇게 지나갔다. 무슨 일을 하는지 다양하게 물어서 간접 경험으로 손자의 직업관에 조금이라도 도움 되기 바란다.

큰손자는 잡 인터뷰를 할 생각에 이모 이모부 만날 날을 꼬박꼬박 기다릴 것이다. 질문을 받을 때 당황할 모습도 상상되고 조곤조곤 조카 눈높이에 맞춰 설명해 줄 둘째 사위 모습이 눈에 선하다. 무엇이든, 누가 하든, 물음에는 큰 의미가 있다. 특히 어린이가 묻는 순간, 어른들의 생각이 깊어지고 무심코 지나칠 수 없다. 사람이 살아가는 데 직업이 중요하고 직장을 갖는 것은 각자의 인생에 중요한 획을 긋는 일이다. 졸업 후 처음 취업에 성공했을 때, 부모는 안도의 숨을 내쉬고 본인 스스로는 한 계단 우뚝 올라선 듯한 뿌듯함을 느낀다. 안정적이고 사회적으로 인정받는 직장을 얻었다는 사실만으로도 주변의 축하와 시선은 달라진다.

하지만 누구나 같은 길을 가는 것은 아니다. 어떤 이는 넓고 반듯한 고속도로 같은 '안정적인 직장'을 선택하고, 또 어떤 이는 미래가 불안하고 험한 길일지라도 '자기가 좋아하는 전문직'이라는 길을 기꺼이 선택한다. 또 다른 사람들은 저마다의 역량을 발휘해 마치 여러 개의 바퀴를 굴리듯, 직장과 취미, 가족과 사회적 역할을 농시에 굴려가며 살아간다. 직장, 직업은 단순히 생계를 위한 수단을 넘어 한 사람의 얼굴, 신분, 정체성을 보여 주는 상징처럼 느껴질 때가 많다. 명함 한 장에 새겨진 직책이 곧 그 사람을 설명해 주듯, 사회는 그렇게 직업에 무게를 싣는다.

예전에 나는 종신직인 의사, 약사 같은 전문직을 한없이 부럽게 바라보던 시절이 있었다. 그런데 우리에게 정확히 퇴직 나이가 주어지는 것이 행복하기도 하고, 불편하기도 해서 양가의 감정이 든다. 직장이란 붙잡고 있기도 어렵지만 내려놓기는 더더욱 어렵다.

할머니표 독서 비법 레시피

♪

　아이들의 독서 습관은 바쁜 일상 중에도 부모와 양육자가 애정을 가지고 실천해야 한다. 아이는 서점이나 도서관에서 스스로 고른 책에 더 애착을 갖는다고 한다. 많은 아이는 예절 습관을 책으로 배운다. 또한 책을 통해 "고마워! 미안해! 괜찮아!" 같은 마법의 말과 감정 표현, 사회성 창의력까지 자연스럽게 익힐 수 있다. 한 교육 전문가는 말한다. "영유아기의 책 읽기 목적은 학습이 아니고 부모와 아이 사이에 정서적 공감이 우선되어야 하고 아이들은 책 내용을 기억하는 게 아니라 그때의 분위기를 기억한다. 그다음 따라오는 효과는 엄청나므로 아이가 좋아하는 책을 경험하게 해 주는 것이 부모의 큰 역할이다."

　이번에 빌려 온 『알사탕』 책에는 아빠의 잔소리가 한 페이지 빽빽이 들어 있다. 띄어쓰기가 제대로 되어있지 않아서, 일곱 살 손자 성규가 읽기는 힘들어 보였다. 백희나 작가님은 내가 평소 손주들에게 하던 잔소리를 책 속에 온통 쏟아부어 너무 웃겼고, 속이 뻥 뚫렸다. 역시 아무나 작가가 될 수 없나 보다. 독자를 생각하며 마음을 꿰뚫어 보는 상상력과 통찰력이 풍부해야만 가능한 듯하다. "할머니, 빨리! 더 빨리 읽어 줘!" 손녀는 잔소리 부분이 재미있다며 추임새를 넣는다.

나는 초등학교에 입학하는 아이를 위해 다양한 방법으로 책 읽기를 시도해 보고 싶었다. 손자한테 스톱워치를 주며 빽빽한 페이지 글을 천천히 또박또박 읽어 주었다. "Ready Action Go!" 신이 나서 "할머니 2분 39초 86!" 흰 종이에 기록을 적는다. "너도 읽어 볼래?" 스톱워치를 눌렀다. 승부욕이 남다른 손자는 신나서 읽다가 어느 순간 빨리 읽히지 않고 뒤엉켜 불편함을 느끼며 멈춘다. "3분 20초! 에이 3분 넘었어. 할머니!" 실망하며 고개를 푹 숙인다. 순간 할머니가 잔소리 부분이 띄어쓰기가 되어 있지 않다는 사실을 미처 파악하지 못했다. "성규야, 네가 빨리 읽지 못한 게 아니라 작가님이 이런 방법을 사용한 거야. 재밌으라고. 하하, 우습지?" 할머니가 스톱워치를 미리 꺼서 충분히 잘 읽을 수 있다는 자신감을 주는 속임수를 살짝 해야 했다. 그래야 손자는 더 신나서 자신감 있게 도전하고 성공 경험을 했을 텐데. 순간의 실수로 내 전략은 완전 실패! 더 자세히 훑어보고 눈치채지 못하게 철저히 계획을 세워야 했는데…. 많이 아쉽다.

『알사탕』 책에는 '박하 향은 너무 진해 귀까지 뻥 뚫린다.'라는 부분이 나온다. 아이들한테 '책 읽는 것은 이렇게 달콤한 거야!' 느끼게 해 주고 싶어 옛날 박하사탕 한 봉지를 샀다. 그 부분을 읽을 때마다 입속에 하나씩 넣어 주었더니 입안에 화~악 퍼지는 처음 먹어 본 낯선 맛에 깜짝 놀란다. 입속에 뭔가 먹을 것이 들어가니 기분이 좋은가 보다. 토끼 눈처럼 놀란 표정을 옆에서 지켜보는 재미가 쏠쏠하다. "애들아! 책 읽는 맛은 이렇게 사탕처럼 달콤한 거야. 알았지?" 자아가 생기기 시작해 뭐든지 자기가 하겠다고 떼쓰는 세 살 막내 성은이는 양치질할 때마다 치약을 여러 번 짠다고 난리다. 그래서 『알사탕』 잔소리 부분에 "샴푸 조금만 짜서 써라." 묵직하게 퍼지는 아빠의 잔소리 다음에, "치약 조금만 짜서 써라 잉~" 경쾌하고 익살스러운 할머니 목소리를 살짝 넣어 운율에 맞춰 읽어 주었다. 100번 말로 하는 것보다 속임수만으로도 아무 불평 없이 손녀의 나쁜 습관이 고쳐졌다.

'이런 것이 바로 독서의 위력이구나!'

내가 『알사탕』 책을 읽어 줄 때마다 손녀가 나를 크게 웃게 하는 포인트가 한 군데 더 있다. 책 끝 페이지에 있는 그림이다. 어느 날 스케이트보드 탄 그림을 가리키며 물었다.

『알사탕』 책에 있는 그림

"성은아 이 사람은 누구야?"

"할머니!"

"그래?" 순간 깜짝 놀라고 너무 웃겨서 방바닥을 치며 데구루루 굴렀다.

"그 뒤 퀵보드 탄 사람은 누구야?"

"김성은 엄마."

'카~ 어떻게 저런 대답이 나올까?' 순간 망치로 한 대 탁 얻어맞은 느낌이었다. '그림이 직관적으로 할머니와 엄마로 보인 걸까?' 아이들의 상상력은 무궁무진하다. 어른들의 관념적인 생각을 완전히 깨부순다. 당연히 큰오빠 작은오빠라고 말할 줄 알았는데…. 손녀는 하루에도 서너 번씩 『알사탕』 책을 읽어 달라고 달려든다. 우리는 이 부분에서 야릇한 눈길을 주고받다가 한 번 더 찐한 눈 맞춤을 하며 서로 웃겨 죽는 표정이다.

 나는 동화책이나 그림책을 읽어 줄 때 제일 먼저 제목부터 큰 소리로 읽어 주고 속지의 색깔이나 그림도 찬찬히 훑어보게 하며 "와~ 빨간색이네! 왜 노란색 파란색이 아니지?" 고개를 갸우뚱한다. 책 속의 한 줄 한 획 터치 하나하나까지도 작가의 의도가 들어 있다고 한다. 동화책을 다 읽은 후 마지막 겉표지까지 쫙 펼쳐 보여 주며 "완전히 다른 그림이지?" 하면 아이들 관심 끌기는 대성공! 사실 나는 책을 대출해 여러 번 읽고 반납하는 경험을 쭉 해 주고 싶었다. 격려와 보상, 힘듦과 달콤함을 적당히 주면서 더 오래 하고 싶었는데. 내년에는 더 이상 내 소속이 아니고 친할아버지한테 바통이 넘겨진다. 나는 육아휴직을 마치고 복직하는 작은딸 남매를 돌봐야 한다. 이젠 아이들이 집 앞에 있는 작은 도서관 드나드는 습관이 생겨 할아버지 손을 잡고 직접 갔으면 하는 바람이다.
 무슨 일이든 즐겨야 이기고 계속된다. 독서도 그렇다!

손녀의 명령 편지,
사랑의 기술

♪

　가까이 사는 큰딸네와 주말이면 텃밭에 자주 간다. 손주들도 할머니도 서로 만나고 싶어서 안달이다. 가깝지만 먼~ 거리, 좀처럼 시간 맞추기가 어렵다. 지난 주말 바람 시원하고 공기 좋은 산속 텃밭에서 만나기로 약속했다. 때마침 등장한 손주들 모습에 가슴이 한껏 부풀어 환호성을 질렀다. 그때 네 살 손녀, 성은이가 쭈뼛거리며 편지를 건넨다. "할아버지 할머니 바쁘시면, 유정이 언니만 선물로 보내 주세요!" 유정이 언니와 함께 놀고 싶어 하는 성은이의 눈빛은 반짝였고, 목소리는 떨리는 듯했다. 아직 한글을 못 쓰는 성은이가 엄마 손을 끌어당겨 쓰게 한 사랑의 편지였다.

　우리 성은이는 사막에 떨쳐 놓아도 살아남을 네 번째 손주다. 지난

봄 손녀는 태어나서 처음으로 큰할머니가 살고 있는 시골집에 놀러 갔다. 그곳에는 아이들 여덟 명에, 어른까지 합쳐 열여섯 명이 있었다. 그날 처음, 큰할머니 큰할아버지를 만났다. 손녀는 혹시라도 자기 말이 전달되지 않을까 봐 큰 소리로 "큰할머니~"라고 간간이 부른다. 그곳엔 많은 닭과 강아지, 아이들이 있었지만, 사흘 동안 가장 많이 들린 소리는 손녀가 부른 '큰할머니'였다. "큰할머니~"라고 부르는 소리가 어찌나 힘이 세고 우렁차던지! 깜짝 놀라 돌아보면 모르는 척 자기 이야기에 바쁘다.

큰할머니는 깜짝깜짝 놀랐지만, 꼼짝 못 하고 손녀의 부름에 복종할 수밖에…. 잊을 만하면 불렀던 그 소리가 지금도 귓가에 쟁쟁하고 종소리처럼 울려 퍼진다. 자기 존재감을 확실히 드러내고 생존 전략을 정확히 아는 아이! 그런 손녀가 이번에는 사촌 언니가 너무 보고 싶었나 보다. 이모도 이모부도 필요 없고 언니만 데려오라는 손녀의 명령 편지다. 꼭 언니를 만나고 싶다는 마음을 전할 줄 아는 아이. 그런 손녀 모습이 얼마나 귀엽고 사랑스럽든지!

요즘 엄마 아빠가 바쁘고 할머니 할아버지도 바빠서 자주 만나지 못했다. 지난 주말 텃밭에서 오랜만에 만났다. 할머니는 휴게소에서 파는 통감자 버터구이를 직접 만들어 한걸음에 달려갔다. 손주들을 만나는 것은 항상 신나고 기대가 돼서 마음은 먼저 텃밭에 닿아있다. '그사이 얼마나 컸을까? 오늘은 또 얼마나 기막힌 표현으로 우리를 말 감옥에 가둘까?' 생각만으로도 가슴이 설렌다.

먼발치서 "할머니~ 할아버지~"라고 외치며 달려오는 손주들! 아이들이 튕겨와 내 가슴에 안길 때 기쁨은 극에 달한다. 두 달 전 완두콩을 함께 심었던 얘기를 나누며 실하게 여문 완두콩도 따고, 시금치도 뽑고 상추도 땄다. 방울토마토를 옷에 쓱쓱 닦아 손주들 입속에 쏙쏙 넣어준다. 생생한 맛, 자연의 맛을 느꼈으면 하는 할머니의 마음이다. 시큼하니 툭 터진 토마토즙이 엄마와 할머니 옷에 튀겼다. 손녀는 무안한지 애교가 잔뜩 묻어나는 웃음으로 몸을 배배 꼰다.

외갓집에 올 때마다 성은이와 유정이는 착 붙어서 여러 가지 놀이하느라 다른 사람들은 안중에도 없다. 오빠들이나 동생에게는 전혀 관심 두지 않고 둘만 그렇게 재미나게 논다. 그녀들의 놀이에는 루틴이 있다. 외갓집에서 실컷 놀고 난 후 집에 가기 전, 욕조에서 풍당풍당하는 것. 그런 날은 두 오빠는 빼고 세 살 동생, 유준이까지 함께한다. 욕조에서 하는 놀이가 끝나지 않으면 집에 가려 하지 않고 울고불고 난리를 친다. '그러면서 정이 들었고 참 놀이의 맛을 알았겠지! 피붙이와 노는 것이 다른 친구들과 노는 것보다 훨씬 재밌겠지!' 먼 훗날 생각하면 외갓집 욕조에서 풍당풍당했던 것도 재미있는 추억이 될 것이다.

야무진 우리 김성은!

어떤 상황에서도 자기 것은 챙기고 절대로 놓치지 않는 손녀다. 성은이는 특히 말 표현에 재주가 있다. 말을 예쁘게 하고 할머니 마음을 살살 녹인다. 만날 때마다 앳된 손으로 축 늘어진 내 팔을 잡고 만지작거리며 "나는 할머니가 좋아요. 할머니도 성은이 좋아요?" 하며 팔에 연신 뽀뽀하며 사랑스러운 모습을 보인다. 두 오빠 밑에서 살아남아야 하니 더 악다구니 써가며 강해질 수밖에 없을 것이다. 그래서 성은이가 정말 귀엽기도 하고 측은하기도 하다.

우리 손녀가 어떻게 커갈지, 이 녀석이 무엇이 되려는지 정말 기대가 크다. 아이들의 말과 행동은 단순한 것 같지만, 그 속에는 삶을 헤쳐 나가는 지혜와 힘이 숨어 있다. 손주를 바라보는 일은 결국 내 삶을 돌아보는 시간이고, 아이들의 웃음과 말 한마디가 어른들에게도 사랑의 기술을 가르쳐 준다.

할머니한테 엄마 냄새가 나요

♪

    오늘은 평생학습원에서 주최하는 동아리 발표회가 있는 날이다. 아침부터 마음이 바빴다. 서둘러서 기타 동아리 리허설도 하고 회원들과 연습도 하느라 허둥댔더니 노곤했다. 모두 바빠 남편과 큰딸, 막내 손녀가 기타 공연을 응원하며 사진과 동영상을 찍어 주었다. 딸은 개인 마이크까지 끼고 열심히 노래하고 손가락 놀리는 엄마 모습이 귀엽다고 칭찬 일색이었다. 모든 일정이 끝나고 피곤해, 소파에서 잠이 들락말락 할 찰나에 딸한테 전화가 왔다. "엄마, 뭐 하세요? 김 서방이 광어회 사 왔으니 빨리 택시 타고 오세요." 저녁 식사 초대를 했다.
    딸이 초대했더라도 내 몸 힘들다고 가지 않으면 다음에 불러 주지도 않을까 봐, 무거운 몸을 이끌고 딸 집으로 향했다. 남편은 모처럼 사위와 술잔을 기울이며 이야기하는 게 뿌듯하고 재미있는지, 별별 이야기를 다 하며 행복이 터지듯 호탕하게 웃어댄다. 나도 오랜만에 손주들을 만나니 기분이 좋아졌다. 소주 몇 잔 마시고 피곤해 침대에서 뒹굴뒹굴하고 있는데, 둘째 손자가 할머니 등에 부드럽게 기대며 속삭인다. "할머니, 할머니한테는 엄마 냄새가 나요."

"그래? 이 할머니한테 엄마 냄새가 난다고? 그렇게 좋은 냄새가 할머니에게 난다니 감동이야!" 손자를 힘껏 끌어안았다. 열감기로 머리가 펄펄 끓는 손녀도 오빠 말을 듣고 부러웠는지, "나도 할머니한테서 엄마 냄새 나는데~"라며 스르르 할머니 품에 안기며 다정한 눈빛을 보낸다. 쌍으로 찬사를 받고 나니 봄날 풀밭에 누운 것처럼 꿈꾸듯 웃었고, 뜻밖의 고백에 가슴이 쿵 내려앉았다. '세월에 깎이고 주름진 나를 작은 아이들은 여전히 사랑의 온기로 기억하고 있다니!' 귓가에 내려앉는 목소리는 사르르 녹는 솜사탕 같았다. '내 품이, 내 숨결이 이 아이들 세계에선 꽤 안전한 곳이었구나! 나도 손주들에겐 여전히 엄마 같은 사람이구나!' 엄마 냄새는 자체만으로도 너무 듣기 좋은 단어다. 어디선가 향기로운 냄새가 폴폴 날 것 같은 그리움의 언어다. 내가 오늘 그런 말을 듣다니! 이런 대접을 받다니…. 손주들이 이 할머니에게 자격을 주는구나! 오늘 내 하루는 그 말 한마디로 환해졌다. 세상에서 가장 좋은 냄새, 엄마 냄새. 어떤 향기로도 뛰어넘을 수 없는 사랑의 상징이다. 꼬질꼬질한 냄새나는 할머니를 끌어안으며 엄마처럼 꽃향기가 난다고 킁킁거리는 손자를 보니 온 세상을 얻은 듯했다. 세상에 이

보다 더 귀하고 달콤한 말이 어디 있을까?

  60여 년 전, 나도 한두 번 갔었던 외갓집에 대한 추억이 있다. 그때는 교통 상황이 좋지 않아 먼 외갓집을 걸어서 가야만 했다. 아무리 걸어도 끝이 보이지 않았지만, 그래도 무엇인가 특별한 일이 펼쳐질 것 같은 막연한 기대가 있었던 어린 시절이었다. 시골에 사셨지만, 유난히 희고 고왔던 나의 외할머니! 할머니한테는 땀 냄새도, 화장품 냄새도 아닌, 참 기분 좋은 그녀만의 숨결이 폴폴 났던 기억이다.

  우리 딸들도 어릴 때 조막만 한 발로 산등성이를 두 번이나 넘어 외갓집에 가곤 했었다. 그 시절 친정어머니는 대식구 건사하며, 힘겨운 농사일에 늘 바쁘고 일에 찌들어 계셨다. 그런데도 두 딸은 외할머니를 부둥켜안고 좋아서 빙글빙글 돌며 웃던 모습이 아직도 눈에 선하다. 어쨌든 어린 손주들에게 외갓집은 언제나 추억의 향기와 사랑이 넘치는 곳이자, 큰 팔 벌려 환대해 주는 외할머니 외할아버지가 계신 기분 좋은 공간이다.

  오늘 손주들이 내게 '엄마 냄새가 난다.'라고 말하는 순간, 사랑은 시간과 세월에 깎이지 않고 마음과 마음 사이에서 향기로 남는다는 걸 알았다. 세대가 달라도, 세상이 달라져도, 진심은 결국 서로를 지켜 주는 힘이 된다.

✦ ✦ ✦

1부 부록

세대 간 소통 노트

1. 세대 간 소통 Q&A
놀이터에서 만난 엄마와 할머니들이 자주 하는 질문 일곱 가지

Q1 놀이터에서 간식을 많이 먹게 되는데 어떻게 하나요?

A 부모는 밥을 잘 먹기를 원하기 때문에 간식을 줄이고 싶어 하지만, 놀이터에서는 쉽지 않아요. 놀이터는 일종의 작은 공동체 생활이라서 손주가 다른 친구들이 먹는 걸 보고만 있을 수 없죠. 그래도 딸과 사위의 뜻을 존중해 최대한 절제시키려고 노력해요.

Q2 황혼 육아의 어려움은 무엇인가요?

A 손주는 사랑스럽고 예쁘지만 내가 하고 싶은 일에 제약이 생기는 것이 제일 힘들어요. 나이 들수록 신체적으로나 정신적으로 버거운 순간이 많

다는 것도 현실이지요. 저는 자가 운전으로 손주들이 있는 집으로 출퇴근합니다. 그래서 장맛비나 눈 오는 날이면 걱정부터 앞서요. 그래도 저는 주어진 시간을 쪼개 도서관에서 글쓰기 수업을 듣고, 복지관에서 피아노도 배우며 친구들과 어울려요. 그렇게 균형을 찾아가며 안정적인 삶을 유지하려고 노력하고 있습니다.

Q3 손주가 짜증 낼 때 어떻게 하세요?

A   어른인 저도 짜증 날 때 많아요. 그러나 애들이 불만을 표현할 때는 이유가 있어요. 며칠 전에도 네 살 손자가 짜증을 많이 내서 이유를 들어보니 그날 유치원에서 체험 학습이 있었대요. 날도 덥고 지루하고 많이 힘들었나 봐요. 그래서 "유준이 오늘 많이 힘들었겠다." 하며 공감해 주고 다독여 줬더니 금세 진정되었어요. 아이의 건강 상태나 컨디션을 먼저 파악하고 공감해 주는 것이 중요해요.

Q4 아이들이 막무가내로 떼쓰고 발버둥 칠 때는 특별한 방법이 있나요?

A   우선 진정될 때까지 기다려줍니다. 그 순간엔 말보다 '알아주는 표정'이 더 큰 힘이에요. 진정된 틈에 새로운 관심거리를 발견한 듯 조금 과장된 목소리나 행동으로 분위기를 바꿔 주면 효과가 있습니다. 또 주변 사람이나 상황을 활용해 장소나 흐름을 바꾸는 것도 도움이 돼요. 얼마 전에도 놀이터에서 막무가내로 떼쓰는 일이 있었어요. 도무지 해결책이 떠오르지 않던 순간, "자석 블록 뽑기 하러 갈까?" 하고 말했더니 손자가 벌떡 일어나 그

자리를 벗어나고 금세 정리가 되었어요. 아이의 떼는 감정의 언어예요. 그 마음을 먼저 알아주는 것이 무엇보다 중요합니다.

Q5 살림은 얼마나, 어디까지 해 주시는지 궁금해요?

A 이 질문은 특히 젊은 엄마들이 자주 물어요. 저는 주로 손자 도시락과 물통을 씻어 주고, 밀린 설거지를 조금 도와요. 재활용품을 버리거나 아이들을 병원에 데려가는 일, 그리고 매일 정전기 포로 방바닥 닦기 정도예요. 처음엔 반찬도 조금씩 만들어 갔지만, 그것도 힘드니 자식들이 "엄마는 손주들과 안전하고 재미있게 놀아주기만 해 주세요."라고 말했어요. 대신 아플 때나 방학 때 등 특별한 상황에는 전담하지요. 그 외에는 자식과 상의해 역할을 분담하고, 선을 넘지 않으려고 노력합니다.

Q6 황혼 육아 수고비는 얼마나 받으세요?

A 이 질문도 젊은 엄마들이 종종 해요. 그만큼 궁금한 주제인가 봐요. 자식에게 경제적 부담을 주고 싶지 않지만, 부모 세대의 시간과 노력이 당연한 것처럼 여겨져서는 안 된다고 생각해요. 아이 돌보는 일은 분명히 '노동'이고 존중받아야 할 '가치'니까요. 그래서 딸에게 "베이비시터 시급 수준이면 좋겠어."라고 말했어요. 하지만 황혼 육아에서 진짜 중요한 것은 수고비보다 '존중받는 마음'이에요. 부모의 수고로움을 알아주고, 감사하는 마음을 표현하고 소통하려는 태도! 그 마음이 관계를 더 따뜻하게 만들어 준답니다.

Q7 애들이 TV를 더 많이 보고 싶어 할 때는 어떻게 하나요?

A 타이머를 이용해요. 아이와 부모가 정한 시간이 30분이에요. 손녀는 검색하는 시간까지 계산해서 시간을 맞춰요. 타이머가 울려 아쉬워할 땐 조금씩 더 보게 해주며 유연하게 조절해요.

2. 손주가 건넨 말

1. "할머니, 이모는 왜 친할머니네 빵은 안 사 줘요?"

어느 날 이모가 유명한 빵집에서 50% 세일한다며 세 상자의 빵을 사 왔어요. 외할아버지네 거, 이모네 거, 자기네 것. 다음 날 물었어요. "이모가 어제 사다 준 빵 맛있게 먹었니?" 그러자 손자는 의아한 표정으로 따지듯 물었어요. "할머니, 이모는 왜 친할머니네 빵은 안 사 줘요?" 세상에 고작 일곱 살밖에 안 된 어린아이가 그 빵을 먹는데 자기들을 엄청나게 사랑해 주시는 친할아버지와 친할머니를 생각하다니요. 그 마음이 어찌나 따뜻하던지! 우리 큰손자는 정말 사랑이 깊고 훈훈한 '마음 근육 대장님'이에요.

2. "어른 학생은 주말에 뭐 해요? 주말에는 왜 내 집에 안 와요?"

"어른 학생도 주말에는 쉬어요. 월요일에 만나요." 손주들은 선생님 놀이에서 할머니를 '어른 학생'이라고 부릅니다. 주말에 영상 통화로 손주들이 이렇게 묻는데 빵 터졌죠. 나를 기다린다고 생각하니 마음이 묘하게 따뜻해졌어요.

3. **"할머니는 게임을 잘 만들어. 머리가 좀 좋단 말이야!"**

명절 때 처음으로 할머니가 만든 장기자랑 포스터를 보고 큰손자가 한 말이었습니다. 우리 가족 열한 명의 혈액형이 딱 두 가지 O형, B형이었어요. 그래서 OX 팀 대신 O형 팀과 B형 팀으로 나눴더니 아이디어가 신선했나 봐요. 손자한테 인정받으니 기분이 하늘로 솟아오르는 것 같았고, 마음이 방방 뛰며 하루 종일 웃음이 멈추지 않았어요.

4. **"엄마 할아버지 왔다!"**

어느 날 남편과 함께 손주네 집을 갔을 때의 일이었어요. "유정아, 엄마 할아버지가 뭐야? 그럼 아빠 할아버지도 있어?" 처음 듣는 말이라 깜짝 놀라 물으니 손녀가 말했어요. "엄마의 엄마는 엄마 할머니, 엄마의 아빠는 엄마 할아버지, 아빠의 아빠는 아빠 할아버지, 아빠의 엄마는 아빠 할머니!" 이보다 더 명쾌한 대답이 어디 있을까요? 요즘은 '외할머니, 친할머니' 대신 '화정 할머니, 광명 할머니'라고 부릅니다. 하지만 어린아이들이 자기 나름의 개념으로 이렇게 설명을 해 주는데 깜짝 놀랐어요. 아이들은 정말 언어의 창조자예요!

3. 손주에게 남기는 한마디

1. "너희는 늘 귀한 손님이고 보물이야. 너희 덕분에 할머니는 60대에 피어나는 꽃 같은 황혼을 즐기고 있단다. 그 빛을 잃지 않고 살면 좋겠어."

아이들은 언제나 귀한 손님이고, 세상에 단 하나뿐인 보물입니다. 손주들이 주는 웃음과 존재만으로도 인생의 황혼이 다시 빛을 얻습니다.

2. "실수해도 괜찮아, 넘어지면 다시 일어나면 되지, 할머니는 언제나 너희 편이야."

실수는 언제나 사람을 자라게 해요. 그 안에 숨어 있는 배움을 알아차릴 때, 우리 아이들은 그 경험을 디딤돌 삼아 더 멋진 어른이 됩니다.

3. "무슨 일이든 힘들 때는 혼자 품지 말고, 꼭 누군가와 이야기를 나누어야 한다."

마음이 힘들고 지칠 때는 누군가에게 털어놓는 것만으로도 위로가 됩니다. 아끼는 사람들에게 전화해 맛있는 밥을 먹으며 웃고 이야기 나누다 보면, 고민이 한결 가벼워질 거예요.

4. **"우리가 함께한 놀이와 이야기가 너희 마음속에서도 오래도록 좋은 기억으로 남으면 좋겠어."**

함께한 시간과 추억은 마음속에 오래 남아 힘이 됩니다. 다 기억하지 않아도 괜찮아요. 그 순간들이 쌓여 세상을 따뜻한 눈으로 바라보게 하고, 사람들과 좋은 관계를 맺는 힘이 될 테니까요.

2부

성장

놀이가 일러 준 삶의 기쁨

작은딸네 남매 이야기

육아에도 바통터치가 필요하다

♪

　아이들은 각양각색 고유의 루틴이 있다. 그러나 아이들과 생활하다 보면 그렇게 루틴대로 호락호락 돌아가지 않는다. 엄마, 아빠가 양육해도 부모 마음을 흔들어서 천국과 지옥을 오갈 때가 많은데, 하물며 부모도 아닌 제3 양육자인 할머니, 할아버지, 아이 돌보미님이라면 오죽하랴! 작은딸이 복직하기 전, 손주들과 해야 할 루틴을 알고 싶어 여러 번 관찰했었다. 솔직히 그냥 손주가 보고 싶어서 갔고 어린이집 하원도 함께 시켰다. 당장 다음 주부터 내 소속, 내 전담으로 바뀌니 부담감이 밀려온다. 놀이터에서는 어떻게 노는 게 안전할지, 감히 상상도 못 할 정도로 대범하게 미끄럼틀을 타는 17개월 손자를 보니 상상 밖이었고 숨이 턱 막혔다. 어느 지점에서 아이를 지켜봐야 가장 안전한지 딸과 예행연습까지 했다.

그러나 사전 연습은 연습일 뿐 실전으로 들어가면 또 다른 예기치 않은 어려움이 발생할 것이다. 그래서 걱정이 많다. 하지만 딸이 손주를 잘 키워서 수월하지 않을까 생각하니 마음이 한결 가벼워졌다. 딸은 내 입속에 방울토마토를 넣어 주며, 혹시라도 엄마가 아프거나 힘들면 언제든지 말하란다. 딸이 손주를 맡기며 내게 위로의 말을 해 주었을 때, 나는 안도감을 느꼈다.

다행히 사위가 남매의 유치원과 어린이집을 등원시키고 출근하면 나는 오후 3시쯤 하원시켜 딸이 퇴근할 때까지 돌본다. 손주 돌볼 때 가장 큰 문제는 아프거나 너무 피곤해서 유치원, 어린이집에 가지 못해 가정 보육을 해야만 할 때이다. 작년 큰딸 삼 남매를 돌볼 때 어린이집 선생님이 그렇게 고맙고 소중한 존재라는 것을 뼈저리게 느꼈다. 아이들은 어린이집에서 친구들과 어울려 활동하고 놀이도 하고, 낮잠도 자고 간식도 먹는다. 특별한 노하우도 없는 할머니가 종일 아이들을 돌보는 것은 정말 힘들다. 특히 바깥 놀이를 좋아하지 않는 손녀는 더 지루해했다. 딸은 남매 하원 시간이 다르니 하나하나 어떻게 해 왔는지 표로 만들어 주었다.

자식에겐 언제나 텐션이 좋은 딸이 말하길, 첫 번째는 여섯 살 손녀가 유치원 차에서 내리자마자 집중해서 말을 들어 주는 것이란다. 손녀는 유치원에서 활동한 자기 작품을 들고 내리며 그날 일어났던 일을 말하는데 자기 말을 들어 주지 않으면 운다고 한다. 그렇지만 나는 학교에 가면 이런 것도 문제가 될 것 같아 스윗한 할머니(sweet grandma)로만 대응하고 싶지 않다. 복직 몇 달 전부터 나는 튼실한 17개월 된 손자를 유모차에 들어 올릴 상상만 해도 허리나 무릎이 다칠까 두려웠다. 대놓고 딸에게 손자가 유모차에 스스로 올라탈 수 있도록 미리 훈련해 달라고 부탁했다.

처음 그 소릴 들을 땐 딸도 서운했는지 시큰둥했다. 그런데 희한한 일이 벌어졌다. 할머니의 고민이 작은 아이에게 전달된 것일까? 손자는 밖에 나가고 싶을 땐 먼저 유모차에 달랑 올라타 앉아 있다고 한다. 어제도 할머니가 집에 간다고 옷을 입으니 똥 기저귀만 차고 유모차에 혼자 달랑 올라타 있었다. 그 모습이 너무 웃겨서 지금 생각해도 웃음이 터진다. '아직 말은 못 하지만 알아듣는 귀가 엄청나게 발달해 먼저 알아차리고 행동하는 걸까?'

그러나 내가 임무 인수·인계받은 첫날부터 사달이 났고, 예행연습은 물거품이 되었다. 하필 딸이 복직한 첫날, 손자가 열이 나고 기침이 심해서 호환마마보다 더 무서운 가정 보육을 하게 되었다. 손자에게 처음으로 엄마와 아빠 둘 다 어디론가 사라져 버린 첫날이었다. 아이가 현관 바닥에 드러누워 발버둥 치며 울어대니 너무 당황했고, 머릿속이 하얘졌다. '이 아이가 엄마 아빠가 한꺼번에 없어져서 배신감, 당혹감에 우는 것인가?' 어떻게 해야 할지 난감했다. 혹시라도 딸이 엄마가 보고 싶어 우는 이 상황을 알게 되면 얼마나 가슴 아파할까? 상당한 시간 동안 문을 박차고 나갈 기세로 몸부림치며 울어대는데 너무 가슴이 아팠고 아이가 걱정되었다. 급기야 딸한테 최대한 절제된 어투로 "왜 우는지 울음을 그치지 않네."라고 톡을 넣었다. 역시 엄마는 엄마였다. 엄마에게 모든 해답이 있었다. 첫마디가 배고프거나 졸린 거 같다고…. 온몸으로 우는 손자의 손 부여잡고 밥을 몇 숟갈 떠먹이니 감쪽같이 진정되었다. '세상에나 이런 거였구나!' 제3 양육자인 할머니는 아이에게 가장 중요한 세 가지를 놓쳤다.

'배가 고파 우는 걸까,
기저귀를 갈아야 해서 우는 걸까?
아니면 졸려서 우는 걸까?'

사실 나는 손주가 다섯이고 이번에 다섯 번째 손주를 돌보고 있다. 네 명은 모두 말로 자기 의사 표현을 할 수 있는 나이에 만났다. 그래서 소통에는 문제가 많지 않았다. 이 아이만 아직 말을 못 해서 소통이 어려웠다. 어리지만 눈치는 빠한데 말로 표현할 수 없으니 얼마나 답답했을까? 그날 그 일은 지금 생각해도 미안하고 가슴이 먹먹하다.

그날도 아침 바쁜 시간이라 사위와 임무 인수·인계할 때 소통이 제대로 되지 않았다. 나중에 보니 식탁에 밥이 있었는데, 단순히 전기밥솥만 열어 보고 밥이 없다고 생각했다. 예약해 둔 저녁밥을 누르고 밥이 될 시간에 산책하러 나갔던 것이다. 돌아오면서 집에 가서 밥 먹자고 실컷 얘기했는데, 유모차에서 내리자마자 울어 버리니 당황해서 중요한 것을 놓쳤다. '그 아이에게 당장 밥을 내놓았다면 아무런 일이 벌어지지 않았을까? 무턱대고 울릴 필요도 없었을까?' 당황하고 세심함이 부족한 할머니가 어린 손자를 울린 것을 생각하니 또다시 가슴이 아린다.

놀이터에서도 맘껏 놀아야 하는데, "이렇게 하면 위험해. 추우니 이제 그만 놀고 집에 들어가자."라며 재촉하니 할머니가 제일 싫다며 감정 노동을 시키는 여섯 살 손녀 유정이! 놀이터에서 천방지축 뛰어다니는 세 살 손자 유준이를 쫓아다니느라 육체노동에 힘들어도 그 아이들 때문에 실컷 울고 웃는다. 딸과 사위가 손주를 믿고 맡겨 편안한 마음으로 직장 생활을 하도록 도와줄 수 있어서 좋다.

손주 돌보는 것은 절대 쉬운 일이 아니다. 예기치 않은 변수가 많고, 사랑 없이는 절대로 할 수 없는 일이다. 그렇지만 힘들다고 아무 때나 쉽게 내려놓을 수 있는 것은 더더욱 아니다. '아무런 대안도 없이 힘들다고 말하면 딸이 얼마나 안타깝고 가슴 아파할까?' 하는 생각이 먼저 든다. 부정적인 말은 나를 더 지치게 할 뿐, 별다른 해결책도 보이지 않는다. 어린 손주들 태도를 바꾸려고 노력하는 것보다 어른인 할머니가 먼저 아이들 대하는 마음과 태도를 바꾸는 게 우선이겠지! 친정어머니는 딸과 사위에게 아이들이 한 2년만 더 크면 지금보다는 훨씬 수월할 거라며 비전도 제시해야 한다. 직장 생활과 육아로 영혼까지 탈탈 털린 딸 마음도 헤아려 줘야 한다. 손주를 오랫동안 안전하고 즐겁게 돌보려면 내 건강관리도 잘 해야 한다.

앞으론 더 세심하고 사랑 가득하게.
손주들에게 자율권도 주면서 그들이 원하는 대로 해 줘야지.
애정이 듬뿍 담긴 표정, 온화한 눈빛과 따스한 손길.
다정다감한 말투로 손주 돌보는 것이 나의 바람이다.
돌봄은 단순히 아이를 보살피는 일이 아니다. 인내와 사랑, 그리고 세심함의 가치를 깨닫게 해 준다.

손녀의 향기에 웃는 두 엄마

♪

작은딸은 갓 태어난 손녀의 손에 코를 대며 킁킁 냄새를 맡는다.

"엄마, 인간의 향기가 이렇게 가슴 설레게 할 수 있는 거야? 땀에 흠뻑 젖은 냄새도, 발에서 나는 쉰내도, 막 싸놓은 똥냄새까지도 이렇게 설레게 하네? 목욕 끝낸 후 촉촉한 볼때기의 촉감은 또 어떻고? 엄마! 향수나 물약처럼 따로 담아 놓을 수 있는 병 같은 게 있다면 정말 좋겠어. 먼 훗날 조심스럽게 꺼내 보면 어떤 느낌일까?"

"니 새끼니까 그~렇~게 이쁘고, 니 분신이니까 그~렇~게 설레는 거야! 인간이 할 수 있는 일 중에서 가장 위대한 일은 출산할 수 있는 거래. 탈무드에 신이 도처에 갈 수 없어서 어머니를 세상에 보내셨대! 어머니는 자식들에게 생존과 관련된 신 같은 존재라는 것이지!"

딸이 행복해하는 모습을 보니 저절로 웃음이 나고 가슴이 벅찼다.

'아바타' 3D 영화를 봤을 때 느꼈던 경이로움 같은 것이라고 할까? 딸은 손녀의 향기와 촉감을, 3D를 넘어서 시각, 청각, 후각, 촉각을 총망라할 수 있는 4D로 만들고 싶어 했다. 먼 훗날 보관해 두었던 몰약을 꺼내 종종 만져도 보고, 냄새도 맡으며 손녀의 향기와 그때의 황홀함에 취하고 싶은가 보다.

나는 딸들 키울 때 누구에게 이런 감정을 나누며, 경험할 여유도 없었다. 어떻게 아이를 키워야 할지 몰라 날마다 허둥대던 날들. 밤새 보채는 아이를 끌어안고 눈물 흘리며 간절히 엄마를 그리워했던 시절이 떠오른다. 그때는 부모가 멀리 있어, 내 감정조차 혼자 감당해야 했다. 엄마라는 존재가 특히 딸에게는 출산 경험을 공유할 수 있어서 더 특별한 관계라고 하던데….

나에게도 분명히 엄마가 계셨다. 그러나 대식구와 시부모님 모시는 엄마에게 전화로라도 맘 놓고 하소연해 볼 엄두도 못 냈었다. '우리 딸들 키우면서 나에게도 어찌 이런 감격스러운 일이 없었겠는가?' 그때는 물리적 공간적으로 멀리 떨어져 계신 부모가 나만의 부모라고 생각하지 못했다. 물론 우리 엄마도 여느 엄마들처럼 딸이 어떻게 살아가는지 궁금하고 애잔하게 생각했을 것이다. 그 당시 엄마들은 따뜻한 표현도 대놓고 할 줄 몰랐고, 그렇게 할 마음의 여유도 없는 삶을 사셨다.

하지만 지금 황홀감에 빠져 육아하는 딸을 가까이서 지켜보며 친정엄마로서 무엇인가 해 줄 수 있는 상황이 감사했다. "하여튼 손녀가 허리 꼿꼿이 세우고 앉기만 해도, 거울 빤히 쳐다보다가 거울에 쿵쿵 찧어도, 유정아? 하고 부르면 엄마 쪽으로 살짝 얼굴만 돌려도 감동이잖아!"

이렇게 하루하루 손녀 키우면서 앞으로도 쭈욱 재미 많이 느낄 거야. 그래서 손녀가 힘들어하고 보채도 행복 에너지가 빵빵하게 채워지겠지! 그 맛에 모든 힘듦을 헤쳐 나가겠지. 아기가 보채서 잠 못 자고 휘청거려도. 아팠을 때 마음 졸이며 밤새워 지켜볼 때도. 밥 제대로 안 먹어 속상할 때도, 모두 잊어버리고 살아간단다. 아이의 작은 움직임 하나에도 웃음이 터지고, 세상 모든 고생이 의미 있게 느껴진단다.

"딸아! 오래도록 아주 많이 행복하여라!

네 엄마도 너희 그렇게 키운 거 알지?

네 엄마도 자식들이 성인이 되고, 결혼도 하고, 심지어 자식까지 두었어도, 항상 너희의 왕 팬이 되고 싶어 여전히 안달복달하는 거 보이지?"

그러나 요즘 우리 딸, 그때 딸이 주었던 향기에만 취해서 살기는 버거울 것이다. 여섯 살 손녀는 공주병에 걸려 드레스가 평상복이 되었다. 가끔 유치원 갈 때 웨딩드레스 같은 원피스에 면사포까지 쓰고 등원했다. 당당한 딸과는 달리 부끄러움은 항상 아빠 몫! 손녀는 체육복

입고 가는 날을 제일 싫어했다. 유치원 다녀오자마자 곧바로 드레스로 갈아입고 TV도 보고 그림도 그리고 피곤하면 낮잠도 잤다. 액세서리인 면사포 목걸이 왕관을 사달라고 할 때는 엄청 욕심을 부린다. 그럴 때마다 딸은 어렸을 때 자기 모습이 불현듯 떠오르고 자기를 쏙 빼닮은 딸의 모습을 신기해한다. 나를 쳐다보며 생긋 웃는다. "엄마도 그때 힘들었지?"

그리고 손녀는 날마다 놀이터에서 "이 세상에 나보다 더 아름다운 공주는 없다." 하며 우아한 몸짓으로 발레 자세를 하고 노래도 열심히 부른다. 그곳에 있는 다른 엄마 아빠 할머니들을 흘깃흘깃 쳐다보며 춤추는 용기! 그런 배짱이라면 어떤 어려움도 꿋꿋하게 헤쳐 나갈 것 같은데…. 손녀는 커가면서 또 다른 향기를 뿜어내며 부모를 행복하게 해 줄 것이다. 이렇게 아이들은 저마다 다른 방식으로 커가고 우리에게 기쁨과 놀라움을 안겨 준다. 자식이 어떤 식으로 어떤 생각을 가지고 커 갈지 아무도 예측할 수 없다. 애들을 키우며 느끼는 설렘과 감동, 그리고 함께 성장하는 기쁨. 이런 순간들이 바로 삶의 중요한 이유가 되지 않을까?

P.S : 4D 영화는 의자가 화면에 맞게 진동하거나 움직이고, 물, 바람, 안개, 폭풍, 냄새 등의 특수 효과가 제공된다.

손녀에게 선물한
나의 첫 동화책

♪

 '누군가 오롯이 나 한 사람만을 위한 책을 만들어줬다면 기분이 어떨까?'

 작은딸이 육아 휴직을 무사히 마치고 복직했다. 여섯 살 손녀 유정이와 천방지축 여기저기 튀어 나가는 세 살 손자 유준이! 손녀도 손자도 나 역시 처음 몇 개월은 적응기였다. 특히 손녀는 자기 영역에 누군가 들어오는 것을 불편해하는 자율성이 강한 아이다. 좀처럼 곁을 내주지 않으니 생각만 해도 조심스러울 수밖에….

 처음에 손녀는 할머니가 자기 집에 와 있어서 엄마가 회사에 다닌다고 오해했다. 게다가 다른 사람들 앞에서 말과 행동을 함부로 할 때 "혼꾸멍을 내 줘야지. 그대로 받아 주면 버릇된다."라며 수군거리는 사람들의 말에 더 힘들었다. 내 생각을 제대로 표현할 수 없어 말을 잃은 듯 속으로만 끙끙 앓았다. 손주들 몰래 눈물을 훔치며 감정을 추스를 틈도 없이, 그들이 요구하는 대로 하루하루를 보냈다. 상식적으로 잘못된 점은 따끔히 훈육하고 싶은 마음이 굴뚝같았지만, 차마 그러지 못했다.

 엄마도, 아빠도 갑자기 없어졌는데 더 힘들어하고, 더 마음 다칠까 봐 노심초사해서 소극적으로 대처했다. 뾰족한 방법이 없고 이렇게밖에 할 수 없는 현실! 밥을 먹으려고 할 때마다 목이 메었다. 그렇게 꾹꾹 참아내며 두어 달을 보낸 어느 날, 나는 퇴근한 딸에게 손녀와 나 사이에 느끼는 심각한 문제를 조심스럽게 털어놓았다. 집으로 돌아오는 길, 딸에게 "아이가 너무 어려서 그럴 거야. 좀 더 클 때까지 어른인 할머니가 기다릴게."라는 안심 메시지를 보냈다. 어머니는 딸 마음도 헤아려야 하는 그런 존재다.

 하지만 월요일이 다가오고 다시 손주들 맞이할 생각만 해도 가슴이 콩닥콩닥했고, 심장이 두근거렸다. "손녀는 감정도 예절도 스토리나 동화책으로 배워야 할 것 같다. 주말에 귀에 못이 박힐 정도로 할머니는 소중한 사람이다, 라고 말하면서 실제로 연습도 해봐."라는 당부의 메시지를 또 보냈다. 그 정도로 내 감정은 복잡했고 심각했다. 딸은 주말 내내 "할머니는 소중한 분이야. 말과 행동을 공손하게 해야 해. 할머니는 우리 딸이 가장 사랑하는 엄마의 엄마야. 나도 우리 엄마가 소중하고 무척 사랑해."라고 열심히 알려 주었다고 했다.

그리고 월요일, 딸 집에서 주말에 딸과 손녀가 함께 만들어 놓은 스토리와 그림이 들어있는 미니 동화책을 발견했다.

"유레카! 바로 이거다."

너무도 훌륭한 스토리와 손녀의 그림이 들어있는 소중한 보물이 눈 앞에 펼쳐져 있었다. 그때까지는 '할머니가 어른이니 참자. 손주들이 크면 나아지겠지.'라며 체념했었다. 그런데 놀이로 만들어 놓은 작은 책에서 강렬한 희망의 빛을 보았다. '그렇지! 소리 없이 눈물만 훔치며 손주들이 커가기를 바라는 소극적인 태도만 보이면 안 되지! 방법을 찾아보자!'라는 생각이 번쩍 들었다.

"나? 너희 할머니는 정면 돌파 형이야!" 두 주먹을 불끈 쥐며 의지를 다졌다.

'그래 손녀와 딸이 만들어 놓은 이야기책을 이용해 동화책을 만들어 보자. 아마도 엄마랑 만든 이야기와 자기 그림이 들어 있는 책을 보면 태도가 달라질지도 몰라. 마음의 빗장을 풀지도 몰라.' 그 생각만으로도 가슴이 뻥 뚫리고 마음이 환해졌다. 딸과 손녀의 스토리가 짱짱해서 구상도 수월하게 짜일 것 같았다. '손녀의 스토리와 그림에 할머니의 이야기를 얹히기만 하면 되겠구나!' 내 이야기도 넣고 딸과 손녀가 직접 만든 스토리와 그림을 여기저기 적당한 공간에 배치했다. 준비 과정만으로도 우울을 견디게 해주는 버팀목이 되었고, 신이 나고 힐링이 되었다.

그동안 힘들었던 우울감이 사라지는 듯했고 진정되는 것이 참으로 신기했다. 사실 딸한테는 내가 손주 돌봄에서 겪는 육체적, 감정적 노동의 힘듦을 열에 두셋 정도만 이야기했다. 다행히 사위가 두 손주를 등원시키고 출근한다. 내가 손주를 돌보는 시간은 단지 오후 4시간 정도…. 시간상으로 그렇게 많지 않은데, 엄마가 힘들어하는 모습을 보고 야속하다고 생각할 수도 있지 않을까? 나는 감정도 예절이나 태도처럼

'학습되는 것'이라고 믿는다. 손주들과 나누는 사랑의 눈빛과 말씨, 표정은 특별하다. 그래서 아이들도 그런 것은 느낌으로 안다. 나부터 상냥하고 푸근한 말투와 표정으로 사랑을 담아야겠다고 다짐했다.

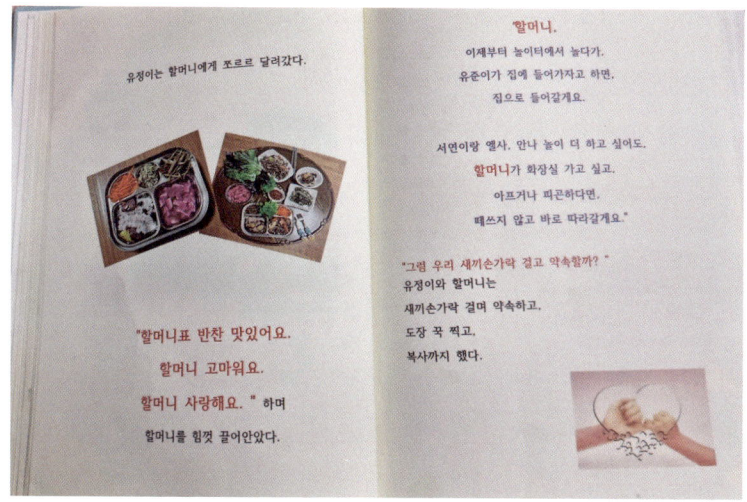

 "글을 쓰는 행위는 가만히 앉아 있어도 아주 강력한 에너지를 발산한다. 영화나 드라마를 보는 것은 에너지를 '수동적'으로 '소모'하는 것에 가깝다. 그러나 글을 쓰는 행위는 에너지를 '적극적'으로 '창조'하는 쪽에 가깝다."라고 정여울 작가는 『끝까지 쓰는 용기』 18쪽에서 말했다. 이렇게 책을 만들면서 나에게 글을 쓰고 싶은 욕구가 있었음을 알았다. 글쓰기가 치유된다는 사실이 얼마나 다행스러운 일인지!

할머니표 반찬으로 가득한 식판, 엄마, 할머니, 이모가 함께 찍은 사진을 넣었다. 구체적으로 편집하니 포토에세이 북이 되었다. 인쇄된 책을 실물로 직접 받았을 때, 묘한 충족감이 밀려왔다. 손녀를 위한 책을 만들었으나 사실은 나 자신을 위한 선물이 되었다. 그리고 요리조리 머리 써가며 구상했던 순간이 아련히 떠올랐다. 이 책으로 손녀의 감정이 한 뼘이라도 커갔으면 하는 간절한 바람이 일었다. 사실 아이는 이 책을 읽고도 할머니의 생각과 마음을 알기에는 어린 나이다.

  하지만 그 후 그녀의 마음에도 해빙기가 찾아온 걸까? 얼음이 녹듯 조금씩 태도가 달라졌다. 며칠 전 나는 손녀에게 이 동화책을 처음부터 끝까지 소리 내어 또박또박 읽어 주었다. 거의 끝날 무렵 아이는 소리 없이 눈물을 흘리고 있었다. '엄마 생각이 난 걸까? 아니면 할머니의 정성과 사랑이 전해진 걸까?' 궁금했지만 겁나서 차마 묻지 못했다. 지금도 그것이 궁금하다.

  그래도 예전처럼 버릇없이 말하고 행동하면 이젠 전전긍긍하거나 소극적으로 대응하지 않는다. 곧바로 잘못된 말투와 태도를 고치라고 당당하게 요구한다. 수정해서 다시 말하게 할 정도로 서로 마음이 통하는 상태가 되었다. 훈육이 자연스럽게 이루어지는 과정 중에 있는 듯하다. 바로 이점이 내가 '능동적인 글쓰기'를 통해 손녀와 밀당에서 얻어낸 값진 결과물이다. 아이와의 관계도 글쓰기처럼 천천히 다듬어

가고 수정하는 과정이다. 그리고 이런 작은 기록들이 서로의 마음을 도닥여 주고 이어 주는 다리가 될 것이다.

두 살 손자는 일춘기 극복 중

♪

    사람의 인연은 살아가는 방식만큼이나 다양하다. 무엇보다 가장 깊고 끈끈한 관계는 부모와 자식 사이다. 조상님, 아니 삼신할머니가 허락해야 맺어진다는 말처럼, 이런 인연은 쉽게 이루어지지 않는다. 그래서 이를 천륜이라 부른다. 거기에 손주와의 인연은 내 자식과 맺어진 또 다른 특별한 연결고리가 있어야만 가능하다. 그런 귀한 인연으로 맺어진 손주들 돌보는 일이 요즘 나의 본 업무다. 손자는 놀이터에서 놀다가도 뭔가 마음에 들지 않으면 양말도 벗어 던지고 신발도 저만치 벗어 던진다. 그리고 떼쓰고 우는 통에 어떻게 대처할지 몰라 당황스러웠다.

    놀이터에서 육아 동지인 젊은 엄마한테 이런 상황을 이야기했다. 그 엄마도 요즘 딸이 떼쓰고 울어 힘들다고, 16개월에서 30개월까지가 일춘기이고 아이들의 발달 단계라고 말해서 안심이 되었다. 사실 나는 일춘기라는 용어를 그때 처음 들었다. 이런 모습도 성장하는 단계라니 얼마나 다행인가? 요즘 분노 조절을 못 해 힘들어하는 아이들, 심지어 어른들도 있다. 사회적인 문제가 되기도 한다. 그래서 우리는 아이들이 건강하게 순탄하게 커가기를 바랄 뿐이다.

유튜브에 '두 살 떼쓰는 아이'라는 키워드를 썼더니 여러 개의 동영상이 떴다. 그중에 내 상황에 맞는 것을 여러 번 보고 떼쓰는 이유도 알고 대처 방법도 알게 되었다. 그래서 딸과 사위와도 공유했다. 이렇게 떼쓰는 것이 발달 단계라면 이유가 있겠지? 두 돌 전후 16개월에서 30개월 사이가 아이들의 자아가 발달하는 시기라고 한다. 인지와 언어 발달은 그 속도를 따라가지 못하고 소통이 안 되어 시도 때도 없이 떼쓰고 우는 시기가 일춘기라고…. '소통 수단의 첫째는 말일 텐데. 손자도 자기 의사를 제대로 표현할 수 없으니, 얼마나 답답하면 저렇게 울까?' 하는 생각이 들어 더 안쓰러웠다.

그날도 떼쓰고 울어서 위로하기 위해 유모차에 태워 산책했다. "유준아 어디로 갈까?" 손가락으로 여기, 저기를 가리켰다. 아이는 말만 못 하시 않은 것을 알고 있었고 애가 가리키는 대로 쭉 따라가 봤다. 상당히 먼 곳으로 엄마 아빠하고 함께 와 봤을 것 같은 쇼핑센터 옆에 작은 놀이기구 타는 곳에 도착했다. 내 마음은 손자가 원하는 대로 다해 주고 싶었다. 하늘의 별이라도 달이라도 따주고 싶은 심정이었다. 손자가 행복하게 노는 모습도 간절히 보고 싶었다.

하지만 손녀 유치원 하원 시간이 걸렸다. 일단 그 세계에 들어가면 감당하기 어려울 것 같아 되돌아오고 말았다. 애가 서럽게 울며 온 얼굴이 눈물로 범벅이 되었다. 너무 미안했고, 그 울음소리가 가슴을 천천히 할퀴었다. 하지만 모르는 체하며 동영상에서 봤던 육아 코칭대로 따라 말했다. "아무리 떼쓰고 울어도 소용없어요." 낮고 느린 말투로 계속 되풀이했다.

나는 손자가 떼쓰고 울 때 번쩍 들어 안아 주지 않는다. 들어 올리다가 허리가 삐끗하거나 무릎에 무리가 생겨 손주를 못 보게 되면 더 큰 낭패니까. 건강관리도 잘하면서 오랫동안 손주를 돌봐 주고 싶다. 그래서 땅바닥에 드러누운 손자 옆에 나도 같이 주저앉는다. "아무리 떼쓰고 울어도 소용없어요." 낮고 느린 말투로 계속 되풀이하며 진정될 때까지 기다리면 안정을 찾은 듯하다. "유준아, 일어날까?" 하면 고개를 끄덕이고 양말과 신발을 신고 다시 노는 아이! 그렇게 여러 번 반복했더니 떼쓰는 횟수가 점점 줄어들었다. '이런 것이 바로 앎의 힘이구나! 알아야만 아이도 행복하게 커가는 데 도움이 되겠네.' 젊은 엄마들과 계속 소통해야겠다.

손자가 일춘기로 힘들어할 때 어린이집 공지 사항에 육아 종합센터에서 〈클로버 부모 교육〉이 있다는 안내가 떴다. 나는 선생님께 조부모도 교육받을 수 있냐고 물었고 이틀간 교육받았다. 긍정심리학의 기초인 에니어그램을 통해 소중한 나를 찾아가는 과정이었다. 강사님 강연을 듣는데 손자가 성장하는 데 보탬이 되는 방법을 찾을 것 같았다. 그리고 한 줄기 빛을 만난 듯 기대가 부풀었다.

부모나 양육자인 할머니가 아이들의 성격을 알고 어떻게 대해야 하는지 알아가는 교육이었다. 에니어그램 성격검사를 통해 부모 대신 양육하는 할머니의 강점과 긍정적 가치를 재발견하는 계기가 되었다. 인간적 가치와 삶을 되돌아보고 조부모로서의 길도 알게 되고 힘도 얻었다. 교육 중 특히 나를 토닥토닥 안아 주며 "나는 소중한 사람이다. 나는 나에게도, 아이에게도, 가족에게도 소중한 사람이다."라고 강조하는 위로의 시간이 좋았다. 머릿속으로 생각만 하는 것보다 말과 행동으로 표현하니 가슴이 뭉클하며 눈시울이 붉어졌다.

그래 할머니는 뭔가 큰일을 하고 있음이 분명해…. 존재감이 높은 부모는 자식을 존중하고 그런 부모와 함께 자란 자녀가 존경받기 쉽지. 앞으론 손주들과 말하는 태도도 긍정 대화법으로 바꿔야겠다. 에니어그램 성격 김사를 통해 나는 '안전 욕구'가 크다는 것을 알았다. 어린아이에게 부모는 생명줄인데 그들의 역할을 대신하는 할머니도 얼마나 소중한 사람인지 깨닫게 되는 알찬 교육이었다. 어렸을 때는 부모님 대신 누군가의 보살핌으로 커갈 수도 있다. 그런 아이에겐 좋은 추억도 나쁜 추억도 살아가는 데 많은 영향을 끼친다.

　딸이 퇴근하면 여섯 살 손녀가 "엄마!"를 부르며 먼저 뛰어가 두 팔로 꼭 끌어안는다. 그 순간 두 살 손자는 할머니 품으로 격렬하게 뛰어든다. 작디작은 팔이 내 목을 감싸며 "나도 있어!" 하는 듯하다. 그럴 땐 '그래, 나는 이 아이에게 믿을만한 품이구나!' 하는 생각에 가슴이 따뜻하게 부풀어 오른다. 한편 손자는 첫째인 누나 자리를 도저히 넘볼 수 없다고 생각할까 봐 아쉬운 마음이 들기도 한다. 커서도 자기주장을 적극적으로 펴지 못하고 자기 차례가 올 때까지 기다리기만 하면 어쩌지?

　특히 어릴 땐 온 우주라고 생각하는 엄마로부터 충분히 사랑받고 자라야 한다. 정서적 허기보다는 충족감을 느끼며 커 갔으면 하는 것이 나의 바람이다. 할머니가 하루 일을 끝내고 집에 돌아갈 때 "유준아, 할머니 가시는데 인사해야지!" 하면 할머니 품에 푹 안기는 손자만의 루틴이 있다. 아이가 격렬하게 달려와 안길 때면, 그의 따뜻한 가슴과 심장 소리까지 전해진다. 할머니와 헤어지는 의식을 여러 번 반복해 지쳐서 소파에 누워있다가도, "유준아, 할머니 가시는데 인사해야지!" 하면 오뚝이처럼 벌떡 일어나 할머니를 안아 주러 종종걸음쳐 온다.

그 순간 하루의 피로와 힘듦은 스르르 사라지고, 오히려 더 큰 에너지를 충전 받고 힘내어 집으로 돌아온다. 손주들의 재롱은 한없이 행복한 미소를 머금게 하며, 정신적으로 건강하게 살아가게 하는 내 삶의 원동력이 된다. 이런 달콤하고 행복한 순간이 과연 언제까지 이어질까?

할머니와 육아 동지

♪

 딸이 육아 휴직을 무사히 마치고 복직했다. 1980~1990년대 타지에서 육아와 일을 병행하며 만신창이가 되었던 내 삶이 주마등처럼 스쳐 갔다. 두 딸 키울 땐 양가 부모님들은 멀리 계시고 비빌 언덕이라곤 하나도 없었던 팍팍했던 시절! 황혼 육아에 매여 노년의 안온함을 누리지 못할 수도 있지만, 작은딸과 사위를 도와줘야 한다는 일념으로 손주들 등·하원을 맡겠다고 말했다. 하지만 딸의 출근 날짜가 가까워져 오자, 여섯 살 손녀와 세 살 손자 돌볼 생각만 해도 가슴에 돌덩이를 얹어 놓은 듯 갑갑했다. 딸에게 혼자 둘을 보는 일이 힘드니 돌보미를 구하자고 부탁했다. 딸은 아무리 돌보는 분과 함께 있어도 아이들은 할머니한테만 엉겨 붙어서 별 의미가 없다며 다른 방법을 찾아보잔다.
 그 해결책은 딸이 먼저 출근하고, 사위가 두 아이 등원시키고 출근하는 '유연 근무제'였다. 나는 손주들이 하원하고 딸이 올 때까지 서너 시간만 돌보면 됐다. '아하! 이런 정부의 육아 정책이 있었지!' 그 말만 들어도 숨구멍이 트이고 훨훨 날아갈 듯 가뿐했다. 각자 1/3씩만 담당하여 육아 바퀴가 돌아가게만 하면 된다는 것이지! 만약 유연 근무제 없이 나 혼자 손주들 등·하원까지 책임졌다면 얼마나 더 힘들고 외로웠을까?

자녀를 출산한 엄마에게 산후조리원 동기가 있듯이 나에게도 놀이터에서 만나는 특별한 육아 동지가 있다. 그곳에서는 많은 아이가 논다. 나는 손자와 나이가 같은 아이를 둔 아빠 둘과 자연스럽게 육아 동지가 되었다. 한 아빠는 육아휴직 중이고 다른 아빠는 육아기 근로 시간 단축을 활용하여 어린이집 하원을 책임지고 있다. 한 아빠는 괴물 놀이를 잘해 준다. 그는 자기 아들을 위해서는 몸을 사리지 않는다. 손자는 그 아빠를 보면 뒤에서 쫓아가 깔깔깔 웃다가 괴물 놀이에 동참한다. "괴물이다. 유준이 잡자." 하며 큰 소리로 액션을 취할 땐 재밌어 죽겠다는 표정이다. 손자의 활기찬 웃음소리가 작은 놀이 공간에 울려 퍼지면 내 마음도 덩달아 춤을 춘다. 할머니가 해 주지 못하는 것을 그 아빠가 대신해 줘서 정말 고맙고 나도 실컷 웃는다.

그는 같은 어린이집 학부모도 아니고, 같은 동에 사는 주민도 아니다. 하지만 같은 시간대 같은 놀이터에 함께 있다는 이유로 다른 애들과도 열심히 놀아 준다. 놀이 공간에 있는 보호자들은 내 아이 네 아이 할 것 없이 모두 육아 공동체 품앗이 동지다.

며칠째 괴물 놀이를 해 주는 아빠가 나타나지 않는다. 우리 손자도 은근히 기다리고 있는 눈치였다. 오늘 드디어 그가 나타났다. 손자는 너무 반가웠는지 공룡 발걸음 흉내를 내며 그에게 살며시 다가간다. 등 뒤에서 공룡처럼 으르렁거리고 따라다니며 아는 체를 한다. "괴물이다. 유준이 잡으러 가자!" 하며 깜짝 놀라 달아나는 손자 손을 덥석 잡는다. 큰 리액션에 손자와 같이 있는 아동들도 덩달아 웃는다.

어린아이들은 재미있게 놀아 주는 사람을 기억하고 기다리나 보다. 그 아빠 덕분에 같은 공간에 있는 많은 아이가 행복하다. 또 다른 아빠는 손자와 공놀이를 해주고 번쩍 들고 안아서 풍차 돌리기를 자주 해 준다. 손자는 너무 재미있다며 "또또"를 외친다. 그가 발재간을 부리며 공을 이리저리 굴리면, 손자는 공을 쫓아다니느라 땀을 뻘뻘 흘린다. 이런 모습도 이 놀이터에서만 볼 수 있는 진풍경이다.

눈여겨 지켜보니 엄마들과 달리 아빠들은 동작이 크거나 잡기 게임같이, 몸으로 하는 놀이를 잘해준다. 아이들은 놀이터에서 아빠들을 쫓아다니며 폐가 열리고 가슴이 활짝 펴질 정도로 깔깔거리며 웃고 뛰어다닌다. 아이들의 정서 신체 감정에 더 큰 영향을 미치는 아빠들과 함께하는 재미있는 활동을 더 많이 볼 수 있으면 좋겠다.

며칠 전 그들에게 주말농장에서 따온 상추와 쑥갓, 깻잎을 조심스럽게 건네주었다. 쑥갓 향이 진하고 햇볕 쨍쨍하게 받고 자란 채소를 삼겹살과 맛있게 먹었다며 고마움을 전한다. 두 달 후 복직할 아빠는 이 놀이터랑 할머니가 주신 채소가 매우 그리울 것 같다고…. 복직하면 더 이상 이 시간대에 올 수 없다며 울컥하더니 말끝을 흐린다.

현대는 물질 만능주의, 개인주의가 팽배해서 자기만 아는 격렬한 경쟁 속에 살아간다. 하지만 어린이들이 노는 놀이 공간에는 보호자들의 배려와 격려, 돌봄의 강이 부드럽게 흐른다. 각자 준비해 온 간식을 나눠주며 정을 주고받는다. 아동들이 커가는 모습을 함께 지켜보며 웃고 소통하는 재미가 있다. 나는 손주들이 맺어 준 인연과 시간을 함께 할 수 있어서 즐겁다. 어디서 관계를 맺던 자리에 맞는 목적과 공감대가 있다. 현재는 손주들을 돌보기 때문에 놀이터에서 만나는 사람들과의 관계가 남다르다. 특히 육아휴직, 육아기 근로 시간 단축을 사용하는 두 아빠와 다른 육아 동지들과의 만남은 무척 소중하고 특별하다.

  현재 대한민국은 "인구 국가비상사태를 선언"하면서 저 출산율을 해결하기 위해 골머리를 앓고 있다. 육아휴직, 육아기 단축 근로제, 유연 근무제는 부모가 직접 육아할 수 있게 '시간'을 내 준다는 면에서 좋은 제도라고 생각한다. '선배 부부가 행복하게 안심하며 직장과 육아를 병행하는 모습이 보여야, 후배 부부들이 육아하고 싶은 마음이 저절로 생기지 않을까?' 그다음 더 밝고 건강한 국가의 미래는 자동으로 따라올 거라며 행복한 상상을 해 본다.

선생님, 어른 학생 들어가도 돼요?

♪

　올해 초등학교 입학하는 손녀는 유치원 하원하자마자 놀이방에 들어가 유준 학생을 애타게 부른다. 유치원에서 배운 활동을 집에 오면 동생과 재연하는 걸 즐긴다. 선생님 놀이, 현장학습 놀이, 도서관 책 대출 놀이, 영화관 놀이 등등. 나는 되도록 손주들이 노는 놀이방에 들어가지 않으려고 한다. 자꾸 간섭할까 봐, 적당한 거리를 두고 보는 쪽이다. 손녀 목소리가 얼마나 카랑카랑하고 또렷또렷한지 동생은 꼼짝 못 하고 학생 역할만 해야 한다. 그것도 날마다. 나는 누나가 저렇게 열심히 유준 학생 들어오라고 해도 왜 들어가지 않는지 눈치채지 못했다. 동생은 [1]꼬봉이 하기 싫은지, 누나가 꾸며 놓은 방에 들어갈 생각조

1　부하, 하수인, 같은 의미로 쓰이는 속어

차 안 하고, 꿈쩍도 하지 않는다. 나름의 자기 시간과 공간을 확보하려는 듯하다.

    오늘은 유준 학생 부르는 손녀 목소리가 너무 안타깝게 들렸다. "황유정 선생님, 어른 학생 들어가도 돼요?" 손자 손을 잡고 함께 들어가니 안심이 되는지 얼굴 가득 미소를 띠고 우리 둘을 반갑게 맞이한다. 친구한테 배웠다는 종이배 접기도 할머니와 눈 맞추며 정성을 다해 가르쳐 준다. 하나는 자기 것, 다른 하나는 동생 것이란다.

    그러나 이번엔 물에 띄워 보겠다며, 물을 가득 담아 출렁거리는 투명 플라스틱 통을 아슬아슬하게 들고 온다. 물을 엎지를까 봐 얼른 수건을 깔아 주고 잘 보이는 피아노 의자 위에 놓았다. 손녀가 실험하는 과학자 표정으로 종이배를 띄우는데 기우뚱하니 쓰러진다. 순간 손녀 얼굴에 근심이 보인다. 내가 얼른 종이배의 밑 부분을 살짝 펼쳐 주니 둥둥 뜬다. 손녀도 나도 안심이 되어 펄쩍펄쩍 뛰었다. 이번엔 손녀의 마음이 더 풍요로워졌는지, 종이배에 '유준, 유정' 이름도 써 준다. 동생도 신기한지 방방 뛰면서 종이배를 요리조리 살펴본다.

 그 모습이 어찌나 신나고 즐거워 보이는지! 스스로 놀이를 만들어 노는 아이들 모습을 혼자 보기 아까웠다. '현장 출동, 순간 포착' 카메라맨처럼 사진과 동영상을 열심히 찍어 딸과 사위에게 보냈다. 딸은 톡을 보냈다. "우린 유준 학생에게 큰절해야 해. 크크크." 딸이 퇴근하니, 창의적으로 놀았던 아이들 흔적을 보라고 손을 잡아끌었다. 아까 그 카톡은 무슨 말이냐고 물었다. "우리 유준이는 누나와 선생님 놀이할 때 학생 하느라고 힘들어. 그것도 날마다 상대해 줘야 하니 정말 지겨울 거예요. 유준이가 없었으면 이 역할을 엄마인 내가 다 감내해야 하는데…. 유준이가 대신해 주니 정말 고마워해야 한다고! 둘째 아이는 축복이고 첫째에겐 언제나 놀아 줄 대상이고 부모에게는 자유를 안겨주어요."라며 감격스러운 표정을 짓는다.

 오늘도 유준 학생은 공부방으로 들어오라는 누나 선생님 말을 듣고도 들어가지 않고 살살 뺀다. 손녀는 동생 학생이 들어오든지 말든지 혼자 선생님 놀이에 열중한다. 이번엔 거실로 나오며 말한다. "오늘은 양궁 놀이할 거예요." 크기가 다른 정사각형 보자기 세 개를 방바닥에 펼쳐 놓고, 과녁판이란다. 할머니 선입견으로 과녁판은 벽면에 붙여야 한다고 생각하는데…. 순간 '헝겊으로 된 보자기를 어떤 방법으로 벽에 붙여 주지? 스카치테이프로 붙인다고 해도 자꾸만 떨어질 텐데.' 생각이 든다. 유정은 아랑곳하지 않고 방바닥에 보자기 세 개를 펼쳐놓고 유준이는 플라스틱 양궁 활을 천장 쪽으로 쏘아댄다. 그것이 떨어지는 지점을 보고 10점, 9점, 8점이라고 외친다. 맨 위 제일 작은 보자기의 정중앙에 맞을 때는 X10이라며 부둥켜안고 뛸 듯이 기뻐한다. 그럴듯해 보였다.

 그 후 나는 손녀의 생각이 너무 창의적이어서 혹시 유치원에서 과녁판 만드는 활동을 했는지 물었다. 그런데 순순히 자기 혼자 생각해 냈다는 것이다! 그래서 다음 날 우리 집에 있는 더 큰 보자기를 가져다주었다. 이렇게 놀이를 통해 아이들의 창의성과 자신감이 길러진다. 생각이 말랑말랑한 우리 손주들! 이렇게 애들이 노는 모습을 더 많이 보고, 웃는 날이 더 많았으면 좋겠다.

  하원 후에도 에너지가 있어 놀이에 집중하는 손녀가 참 고맙다. 무엇인가 스스로 놀잇감을 찾아내는 아이들. 그것도 집 안에 있는 생활용품을 활용하는 모습이 기발하고 신선하다. 그러나 나는 성격이 급해 그 순간을 지켜보며 기다려 주기가 쉽지 않다. 자꾸만 도와주고 싶은 마음이 솟구치지만, 간섭하지 않으려는 마음을 꾹꾹 눌러 담는다.
  어린아이들이 펼쳐 가는 세계는 늘 새롭고 놀랍다. 집안의 보자기 하나, 종이배 한 척도 특별한 교재가 되고, 놀이기구가 된다. 그 속에서 아이들은 스스로 배우고 자라며, 어른은 아이들의 창의성과 꾸준히 노력하는 모습을 응원한다. 이제 조급한 마음을 내려놓고, 아이들이 만들어 내는 무대를 존중하는 '느긋한 학생'이 되자고 다짐한다. 그렇게 함께 웃고 배우는 시간이 쌓이면, 그것들은 우리 삶을 단단하게 빛내 줄 또 하나의 값진 자산이 될 테니까.

거실에서 펼쳐지는
겨울철 3종 체육 경기

♪

요즘 동장군의 위세가 절정이다. 아이들이 놀이터에서 뛰어놀아야 활기차고 짜증도 덜 낼 텐데. 종일 집안에서만 노는 모습이 답답해 보인다. 유치원에서 하원하면 누나는 가장 친한 친구가 되어 선생님 놀이를 한다. 물론 잘 놀다가도 서로 의견이 맞지 않아 치고받고 싸움이 벌어지기 일쑤다. 그럴 땐 떼어놓는 것이 상책! 그런데 요즘 누나가 발레학원을 다닌다. 네 살 손자는 집에 오면 누나가 돌아올 때까지 두어 시간 할머니와 논다. 할머니는 아이와 어떻게 놀아 줄까? 망설이다가 손자가 원하는 것만 해 주기로 마음먹었다. 자기가 하고 싶은 것을 하니 짜증도 덜 내고 놀이도 훨씬 자연스럽게 이어진다. 처음에는 이 책 저 책 챙겨 와 읽어 달라고 하다가 궁금한 것이 생기면 함께 찾아보기도 한다. 손자가 제일 즐거워하는 시간이 찾아온다.

첫 번째 종목은 소파 위 탁구 경기!

  이 경기는 손자가 처음 제안한 것으로, 창의력과 순발력을 키워 주는 듯하다. 아이는 2024년 파리 하계 올림픽 때, 많은 종류의 경기를 보고 스포츠에 푹 빠졌다. 거실 바닥에서 하면 아랫집에 울릴까 봐, 우린 탁구채를 들고 조심스럽게 소파 위로 올라간다. 규칙은 손자가 정하고 나는 반응만 잘해 주면 된다.

"준비됐나요?"

"네네. 준비됐어요." 추임새도 제법이다.

"그러면 시작합니다."

  손자의 탁구 공치는 자세가 제법 나온다. 내가 스매싱 좋고 하면 "하무니, 스매싱이 뭐야?" 하고 묻는다. 할머니가 하는 말을 그냥 지나치지 않고 꼭 짚고 넘어가려는 모습도 한없이 귀엽다. 나는 소파에 앉아 있고 손자는 이리저리 튕겨 나간 탁구공을 주워 온다. 거실에서 조그만 하얀 공을 찾아다니는 자체가 운동이고 놀이다. 얼굴이 벌겋게 달아오른 손자는 "내가 이겼어. 내가 할머니보다 잘했지?" 하며 숨을 고른다.

두 번째 종목은 거실 축구 경기!

 요즘은 층간 소음이 문제다. 다행히 아랫집은 낮에는 집에 사람이 없다고 하니 조금은 마음이 놓인다. 할머니는 거실 바닥에 앉아 양다리를 벌려 골대를 만든다. 아랫집에 울리지 않도록 최대한 살살 움직이면서 말이다. 손자는 작은 공을 차고 할머니는 기교를 부려가며 이리저리 패스한다. 아이는 깔깔거리며 공을 쫓아다니고 어느새 이마엔 땀이 송골송골 맺힌다.
 애가 공을 몰고 와 힘차게 찬 순간, 할머니의 다리 골대가 흔들렸다. 나도 모르게 "골~!" 하고 환호를 터뜨릴 뻔했지만, 손자가 재빨리 손가락을 입에 대며 속삭인다. "쉿, 할머니 층간 소음!" 그러고는 까치발을 든 채 두 팔을 번쩍 들고 속삭이듯 외친다. "골~!" 이렇게 작은 거실에서 나누는 웃음과 환희는 삶을 따뜻하게 데우는 불씨 같다. 어서 날씨가 풀려서 진짜 놀이터에서 공을 뻥뻥 차게 되면, 근질근질한 몸과 마음까지 시원하게 뚫릴 텐데. 손자는 이렇게라도 아쉽게 집 안에서 놀고 있다. 그래도 지치지 않는지 축구 경기가 끝나면 또 다른 놀잇감을 챙겨 온다.

세 번째 종목은 야구 경기!

    사위가 사 준 야구 세트는 배트, 공, 글러브, 야구 모자까지 완벽하다. 배트로 쳐도 물건이 깨지지 않을 정도의 말랑말랑한 야구공! 아빠랑 같이 TV에서도 직접 야구 경기장에도 가서 많이 본 모양이다. 능숙하게 배트를 휘두르는 손자가 공을 정확히 맞혔다. 공이 높이 날아가는 찰나, "홈~런!" 환호성을 지르고 배트를 집어던지며 나비처럼 가볍게 달려와 내 품에 안긴다. 작고 말랑말랑한 가슴으로 나를 꼭 안아 주고 환한 웃음으로 하이 파이브와 악수까지 건넨다. 손자 가슴이 내 가슴에 닿는 순간의 감촉은 세상 어떤 기쁨과도 비교할 수 없는 극상의 행복감! 아이의 달콤한 숨결과 부드럽고 말랑말랑한 가슴을 안으면 '천국 맛이 이런 걸까?' 잊지 못할 환희의 순간이다.

    이렇게 우리는 감격의 순간을 나누고 3종 경기를 마쳤다. 그날 저녁, 매스컴에서는 올겨울 중에 최고로 추운 날이라고 떠들어댄다. 손자가 "나, 누나 마중 안 나가고 집에 있을래." 하니 다행이었지만, 저녁 6시가 넘어 주변이 캄캄하니 걱정이 됐다. 오늘따라 발레 학원 차가 늦는다. 날씨도 추운데 계속 둘째가 걱정되었다. 둘째와 함께 다시 집에 도착했는데 너무 평온했고, 손자는 노래로 나오는 구구단 장난감을 틀고 엉덩이춤을 추고 있었다. 그것도 41개월짜리가! 정말 감격스러웠고 신통방통해 폭풍 칭찬을 퍼부었다. 아이는 심심하니 스스로 놀잇감을 찾아 리듬에 맞춰 춤추며 놀고 있었다. 그 모습이 어찌나 대견하고 멋져 보였는지! 엉덩이를 토닥여 주니 할머니 품에 폭 안기며 신나서 콩콩 뛴다.

엄마 아빠가 퇴근해 왔을 때도 칭찬을 빵빵하게 해 줬다.

"우리 유준이, 누나 데리러 나가고 혼자 있을 때 구구단 노래를 틀어 놓고 춤추고 있더라!"

"정말? 우리 유준이가 요렇게, 요렇게 춤추고 있었어?"

딸도 엉덩이를 이리저리 흔들며 춤을 추다가 아이를 번쩍 들어 빙빙 돌려주고 간지럼도 태운다. 까르르 까르르 웃는 모습에 온 집안이 또 한 번 생기로 가득 찼다. 혼자 집에 있는 시간 동안 자신만의 놀이를 찾아내고 즐길 줄 아는 유준이! 아이를 믿어주는 것은 결국 자신에게 신뢰를 쌓을 수 있게 기회를 주는 것이다. 혼자 할 수 있는 일이 많아지면 생각지 못할 변화가 생기고 놀이 시간에도 독립적인 모습을 보일 것이다. 이렇게 혼자 놀 줄 아는 어린이는 무엇이든 해낼 수 있을 것 같은 자신감이 가득해 보였다.

춥다고?

괜찮아!

우린 오늘도 집 안에서 신나는 올림픽 경기를 하고 있거든!

살캉살캉한 애호박전,
미안함을 부치다

♪

작은딸한테 톡이 왔다.

"엄마 오늘 출장 가서 늦는 날이에요. 7시 반까지는 갈게요. 애들 외갓집에 데리고 가서 놀고, 저녁도 먹이면 제가 데리러 갈게요."

"그럼, 애들한테도 말해 줘."

손녀는 호박전을 좋아한다. 특히 할머니표 호박전을 부쳐 주면 다른 날보다 더 행복해한다. 할머니표 호박전에는 건새우가 살짝 얹혀 있다. 딸도 손녀를 위해 호박전을 부쳐 주지만, 그것은 그냥 호박전이다. 손녀는 둘의 차이를 분명히 안다. "할머니 호박전엔 새우가 있어요. 엄마 호박전엔 그냥 호박만 있어요. 그래도 저는 엄마가 부쳐 준 호박전이 더 맛있어요." 손녀는 살캉살캉 씹히는 맛이 좋은지 방긋방긋 웃으며 한입 가득 넣는다. 아이들에게 엄마는 생존의 의미이고 무조건 좋아하는 달콤한 존재다. 엄마는 존재만으로도 위로이고 기쁨일 것이다. 할머니가 챙겨준 간식을 먹을 때도 항상 예쁜 그릇을 내려 달라며 엄마 것을 따로 챙겨 두는 손녀! 그런 아이가 엄마 생각만 해도 얼마나 설레고 기쁠까? 엄마가 퇴근하면 손주들은 온 얼굴로 웃고, 까르륵까르륵 매달리며 뽀뽀 세례를 퍼붓는다. 그 모습을 지켜보는 할머니 마음에도 잔잔한 평화가 찾아온다.

오늘도 손녀가 온다기에 아침부터 부산하게 호박전을 부쳤다. 다행히 냉동실에 건새우가 있었다. 나는 왜 손녀를 위해서 호박전에 새우 올리는 작업을 하나 더할까? 엄마는 그냥 엄마라서 좋다. 특별한 것이 아니어도 엄마가 만들어 준 음식은 그냥 다 맛있을 것이다. 그러니 할머니는 뭔가 특별하게 해 줘야만 한다는 생각이 든다. 분명히 경쟁심에서 그런 것은 아니다. 호박전에 새우라도 하나 더 올려 줘야만 눈길이 갈 거라는 생각을 한 걸까? 아마도 마음속 깊은 곳에 그런 식으로라도 손녀에게 인정받고 싶어 하는 할머니의 애틋한 심정이 엿보인다.

옛날 일이 떠오른다. 딸이 어렸을 적, 나는 집에서 영어 공부방을 했다. 그때는 밖으로 나다니지 않고 집안에서 내 눈앞에 딸들이 있다는 자체를 안정적으로 생각했었다. 성실한 선생님으로 소문이 나서 학생들이 점점 늘어났고, 몸과 마음이 지쳐 우리 딸들 돌보는 데 소홀했다고 고백한다. 자식들이 진짜로 엄마를 필요로 할 때 눈앞에 있는데도 제대로 돌보지 못했다. 일에 치여서 정작 내 새끼의 마음을 살뜰히 챙기지 못했다. 지금도 그 생각을 하면 가슴이 철렁 내려앉고 먹먹해진다. 일도 육아도 중요한 시점이 있다고 판단해 일을 그만둘 생각까지 했었다. 예닐곱 살 때쯤 딸은 "엄마, 일은 그만두지 말고, 돈을 벌어."라며 엄마 일을 지지해 줬다.

여덟 살인 손녀를 보며 문득, 어릴 적 주변만 빙빙 돌며 눈앞에 있는 엄마에게 편안하게 응석 한 번 부리지 못했던 아이가 떠올랐다. 학생들에게 엄마를 온전히 내어주어야만 했던 딸은 얼마나 외롭고 힘들었을까? 의연해 보였지만 어린아이에게 분명히 그것은 큰 상처였을 것이다. 그때는 그런 생각도 못 하고 일에 치여 내 자식이 시들어가는 것을 알아차리지 못했다.

큰딸은 학교에서 늦게 왔지만, 작은딸은 학교에서 일찍 돌아와 "Do you need~? Yes, I do. No, I don't." 언니 오빠들이 대답해야 할 문장을 몇 시간이고 엄마를 따라 했다. 정확하고 또렷또렷한 딸의 목소리가 한 박자 먼저 문틈으로 새어 나왔다. 그런 애에게 단독으로 엄마를 좋아할 시간과 공간을 온전히 내주지 못했다는 죄책감이 밀려온다. 유난히 엄마를 찾았던 작은딸! 엄마를 차지하고 싶었지만, 치근덕거릴 수도 없었고 자기의 감정도 드러내지 못한 채 꾹꾹 숨겨야만 했던 그

딸! 얼마나 답답하고 속이 탔을까? 어릴 땐 엄마만 있으면 다 되었는데. 엄마가 가장 든든한 세상이었을 텐데….

그때 딸한테 충분히 주지 못했던 사랑을 지금, 손녀에게라도 보상해 주고 싶은 마음이다. 아무나 할머니가 될 수 있는 것도 아니니까. 손주들을 돌보면서 내가 엄마로 놓쳤던 많은 기쁨을 뒤늦게 배우고 있다. 엄마가 퇴근해 오면 손주들의 사랑이 터지고, 온종일 굶주렸던 애정이 따뜻한 밥상으로 충전된다. 그것만으로도 나는 안심이다. 호박전을 부치며 가슴 깊은 곳에서 이런 감정이 울컥 북받쳐 오르다니! 이 시점에서 딸과 딸의 딸이 생각나다니! 아직도 내 마음속에는 딸에 대한 부채감이 있다. 어린 시절의 결핍으로 마음의 병이 생길 수도 있었을 텐데….

하지만 그렇게 힘든 시간을 잘 견뎌 내고, 이제는 어엿한 가정을 이루고 자기 일도 하며 아이를 잘 키우는 딸이 대견하고 자랑스럽다. 지금 나는 대리 육아 중이다. 손주들도 언젠가는 알아주겠지? 엄마 아빠가 자기들을 위해 얼마나 많은 정성과 사랑을 쏟아부었는지…. 다 같이 잘살아 보자고 일하러 나가는 부모의 마음을, 조금은 공감해 주었으면 좋겠다. 이 마음마저도 혹시, 욕심일까?

황혼 육아,
지혜로 배우는 두 번째 성장

♪

　아이들이 클 때는 무관심하게 기다려 줘야 한다는데, 나는 무엇인가를 기다리는 것이 참 힘들다. 운동도 공부도 손주 돌봄도 인내가 필요한데, 매번 실패한다. 손자가 밖에서 놀다가 볼이 발그레해진 채 집에 들어오면 얼른 잠바를 벗겨 준다. 그런데 아이는 작은 손으로 지퍼를 잡으려던 순간을 빼앗긴 듯, 두 발을 동동 구르며 울고불고 난리를 친다. 지극히 정상적인 행동이고 발달 단계라고 한다. 변기에 오줌 쌌을 때도 나도 모르게 물을 내린다. 자신이 하려고 했는데 내렸다고 대성통곡을 한다. 화내는 손자를 보며 나도 모르게 내 손등을 탁탁 치며 자책한다. "또 실패했구나! 또 못 기다렸네." 모든 것을 본인이 하겠다고 말하고 자아가 성립되는 중요한 시기! 41개월 된 이 아이는 지금 세상을 자기 힘으로 탐색 중이다. 그걸 알면서도 그 틈을 주지 못해 아이를 화나게 하고 떼쓰게 만들었다. 결국 손자가 떼쓰고 고집을 부리면 지치고 혼란스럽다.

  주말엔 바람이 매섭게 불더니 눈발까지 흩날렸다. 그날도 손자는 두 볼이 얼어붙을 만큼 친구들과 놀이터에서 실컷 놀았다. 놀다 지친 손녀는 집에 들어가자고 내 손을 잡아끌었지만, 세발자전거를 타고 이리저리 방향을 바꾸며 끝까지 버티는 손자! 그리고 위험한 쪽으로 자전거 방향을 튼다. "할머니도 오지 마! 누나도 가까이 오지 마!"라며 얼굴을 잔뜩 찡그린 채 악을 바락바락 쓴다. 그냥 말해도 힘들 텐데, 울고 소리까지 지르니, 할머니는 더 애가 탄다.

  어른들이 담배 피우려고 수시로 드나들고, 위험한 운동 기구가 있는 안전하지 못한 곳이다. 나는 손녀도 챙겨야 하니 초조해지고 그렇다고 손자를 무시하고 어디 앉아서 편안하게 기다릴 수도 없었다. 그래서 나무 뒤에 서서 숨죽이며 아이의 뒷모습을 지켜봤다. 날씨도 추운데 나도 빨리 들어가 따뜻한 곳에서 몸을 녹이고 싶은 마음이 간절했다. 손자는 뭐가 마음에 안 드는지 "싫어, 싫어!"를 반복하며 화를 삭이는 모습이 처연해 보이기까지 했다. 세발자전거를 탄 채로 조금 떨어진 중학교 운동장을 멍하니 바라보고 있는 아이! 눈을 마주치지 않아서 표정은 알 수 없지만, 마치 고민 많은 어른의 표정이지 않았을까? 아무래도 이 대치 상황은 딸이 퇴근해야만 끝이 날 것 같았다.

그때 마침 같은 아파트, 같은 라인에 사시고 작년에 다녔던 어린이집 원장님께서 지나가신다. "원장님~ 원장님~! 여기 좀 와 보세요. 우리 유준이가 원장님 엘리베이터 9층 눌러 주려고 기다리고 있어요." 다급하게 구원 요청을 했다. 눈치 빠른 원장님이 달려오며, "유준아, 원장님 9층에 살지? 유준이가 눌러 줘야지? 엘리베이터에 가서 9층 눌러 볼까?" 그 말에 손자는 자전거를 핵 돌려 집으로 향했다. 그게 핑곗거리가 되었을까?

유치원 하원하고 2시간 동안 밖에서 놀고 오줌도 참아 가면서 떼쓰던 손자가 안쓰러웠다. 하지만 훈육은 필요하다고 생각해 나도 물러서지 않았다. 호되게 혼을 내주던 차에 딸이 도착했다. 아이와 많은 에너지를 쏟다 보니 지치고, 딸이 와서 수습하는데도 손자는 더 떼를 쓰고 말도 안 되는 행동을 계속했다. '내가 화가 나고 지치는 것만큼 손자도 힘들겠구나!'

이때 아이들이 떼쓰는 이유는 낮잠 부족 탓이라는 사실을 알게 됐다. 어린이집 다닐 때 2시간씩 자던 낮잠 시간이 유치원에 가자 갑자기 없어졌기 때문이라고 한다. 잠을 못 자면 몸이 버티지 못해 떼를 쓰는 건 자연스러운 과정이란다. 몇 개월은 이런 힘듦이 지속된다고 하는데…. 손자는 에너지가 많아 몸은 힘들어도 마음으론 실컷 놀 수 있을 것 같은가 보다.

잘잘못을 빤히 아는 손자! 울음을 그친 뒤에 얼굴이 벌건 채로 나를 힐끔 쳐다봤다. 그리고 잠시 머뭇거리더니 작은 목소리로 "할머니 화나게 해서 미안해요."라고 말한다. 그 순진한 한마디에 마음이 따뜻해지고 나는 아이 마음을 더 헤아려 주지 못한 미안함으로 가득 찼다. 아무튼 자기가 잘못했다는 것을 확실히 알고 있나 보다.

 돌이켜 보면 사춘기도 없이 지나간 학생들이 능사는 아닌 것 같다. 일생에 '난리 치는 총량'은 비슷하다고 하는데…. 어려서 이렇게 하는 것이 성장 발달 단계이고 아주 정상적이라고 하니 안심이다. 미운 세 살, 미친 네 살을 잘 넘겨야만 다섯 살, 여섯 살, 아니 청소년기도 잘 넘기게 된다. 그리고 몸도 정신도 건강한 어른으로 성장하겠지! 이 시기를 함께 보내는 나 역시 불완전한 할머니로 여전히 배우는 중이다.

 이런 일상을 반복하며 아이만 자라는 게 아니라, 할머니 역시 성장하고 있음을 깨닫는다. 그리고 '황혼 육아'가 개인의 선택이나 가족의 책임만이 아니란 것을. 우리 사회가 함께 고민하고 껴안아야 할 새로운 육아 문제라는 것을 인식해야 할 것 같다. 요즘은 분노를 조절하지 못하는 사람이 많아 불안한 세상이다. 그러니 육아를 책임지는 모든 양육자가 이런 갈등과 감정의 흔들림도 '성장의 한 과정'임을 이해하고, 불안에 떨지 말고, 기다릴 수 있도록…. 아이와 어른이 함께 자라도록 공공 육아 지원과 전문적인 교육 프로그램이 우리 사회에 더 많이 마련되면 좋겠다.

2부 부록

우리만의 놀이터 만들기

1. 양궁 놀이 : 집안이 올림픽장이 되는 순간

집안에는 선물 보자기가 많아 필요할 때마다 요긴하게 쓰입니다. 공주 놀이, 까꿍 놀이 등 역할 놀이할 때 자주 활용하지요. 이번 게임은 손주들이 2024년 파리 하계 올림픽 경기 때 한국 양궁 게임을 본 뒤 아이디어를 낸 놀이예요. 크기가 나른 정사각형 보자기 세 개를 거실 바닥에 펼쳐 놓습니다. 큰 보자기를 제일 아래에 놓고, 중간 크기, 그리고 작은 보자기를 가장 위에 겹쳐 놓아 과녁판 모양을 만듭니다. 손자는 장난감 활을 천장을 향해 쏘지요. 화살이 떨어진 위치를 확인한 후 "7점, 8점, 10점"이라 외치고 점수를 계산합니다. 특히 가장 위에 있는 작은 보자기 과녁판 정중앙에 맞으면 'X10'이라며 서로 부둥켜안고 방방 뛰는데, 보는 재미가 쫄깃쫄깃합니다. 이 놀이는 수학적 계산 능력을 키우고, 규칙을 만들 때도 서로 토론해서 정확하게 정하는 것이 포인트예요.

2. 교실 놀이 : 아이가 선생님이 되는 날

초등학교에 입학한 손녀는 선생님이 하는 말투나 태도, 주제와 규칙 정하기 등 배운 것을 재연하는 걸 좋아해요. 폭염, 폭설과 장마로 바깥 놀이가 어려울 땐 날마다 '선생님 놀이'가 열립니다. 이때 손주들은 할머니를 어른 학생이라고 불러요. 손녀는 스스로 활동지와 스티커 북을 만들어 선생님 놀이를 주도하지요. 학교에서 늘 새로운 것을 배우니, 놀이 활동도 날마다 새롭습니다. 어느 날 손녀는 "오늘은 꿈 수업이에요. 꿈속에서 아이돌을 만났거나 자기가 되고 싶은 것을 말하면 돼요." 저는 학생처럼 손을 번쩍 들고 말했습니다. "선생님, 어른 학생의 첫 번째 꿈은 작가이고요. 두 번째 꿈은 피아노 치며 노래 부르는 사람이 되는 거예요. 저 스티커 몇 개 받나요?" 그러면 손녀는 살포시 미소를 짓습니다.

하지만 네 살 동생에게는 선생님 놀이가 버겁습니다. "힘들어서 쉬고 싶다." 라고 말하며 드러눕곤 하지요. 그럴 때 할머니는 중재자 역할도 해야 합니다. "선생님 동생 학생은 그리기도 색칠하기도 힘드니, 관찰자만 하면 어떨까요? 네 살에게 초등 1학년 수업은 너무 어렵잖아요." 그 말을 들은 손녀는 금세 이해하고 자연스럽게 조절했어요. 이 놀이는 상대방을 존중하고 느린 학생을 배려하는 마음이 생길 것 같아요. 나이에 따라 이해하는 정도가 다르다는 것도 자연스럽게 배우게 되지요. 참 좋은 놀이입니다.

초등 1학년 황유정 선생님은 색종이로 봉투를 만듭니다. 동생 학생과 어른 학생에게 손편지를 쓰고 사탕 선물까지 넣어주었네요. 참 다정하고 따뜻한 선생님입니다. 사람은 선물을 줄 때도 받을 때도 행복합니다. 행복은 나눌수록 커지니까요.

3. 책 육아의 기술 : 재미와 습관을 동시에

책 읽기는 아이와 정서적으로 가까워지는 좋은 기회입니다. 아래 방법을 활용하면 아이가 더 즐겁게 책을 접하고, 집중력과 표현력까지 함께 키울 수 있어요.

(1) 스톱워치를 이용한 독서 놀이

적당히 글밥이 있는 한두 페이지를 정하고 아이가 스톱워치를 누르게 합니다. 부모나 양육자가 적당한 속도로 또박또박 읽은 기록 사항을 종이에 메모합니다. 어른이 읽은 속도와 가장 근사치로 읽으면 성공! 예를 들어 할머니 기록이 2분 30초 49라면, 2분 안에 읽은 아이보다 2분 50초에 읽은 어린이가 더 잘 읽었다고 봅니다.

(2) 의성어 활용하여 읽기

소리나 분위기를 흉내 내는 말은 강약을 조절해 읽어요. 노래하듯이 천천히 읽으면 훨씬 생생합니다.

(3) 등장인물 이름 바꿔 읽기

손주 이름이나 손주 친구들 이름으로 바꾸어 읽어 주면 몰입도가 올라갑니다.

(4) 랩 버전으로 읽기

책 읽기를 랩 하듯이 빠르게, 숨도 안 쉬고 읽으면 재미는 두 배!
책 읽기의 맛은 사탕처럼 달콤합니다. 그리고 함께 나눌 때 더 커집니다.

(5) 그림 한 컷 이어 말하기

그림책을 보며 한 장면에서 멈춥니다. "다음 장엔 어떤 일이 생길까?" 하고 아이가 상상으로 이어서 말하게 해 보세요. 책 내용에 자신만의 상상을 덧

붙이는 연습이 되어 표현력과 창의력이 쑥쑥 자랍니다.

(6) 목소리에 변화를 주어 읽기

아마 이 방법은 많이 활용하실 것 같네요. 등장인물마다 목소리를 다르게 읽어 보세요. 할머니는 늑대 목소리, 손주는 토끼 목소리로 바꾸면 아이는 책 속에 풍덩 빠집니다. 이 놀이를 하다 보면 '감정 읽기' 능력도 함께 자랍니다.

3부

도전

황혼의 용기, 새롭게 피어나는 하루

손주를 사랑하지만,
내 삶도 지켜야 하기에

♪

인간은 이기적이다. 나도 이기적이고, 너도 이기적이고…. 다분히 자기중심적으로 생각하며 행동하는 것이 본능이라 누구를 탓할 수도 없다. 나이 들어감에 따라 '노년의 삶을 어떻게 살아야 할지' 그것이 요즘 나의 가장 큰 관심사다. [2]노인의 종류에는 No 人, 어르신, 액티브 시니어, 선배 know 人, 이렇게 네 종류의 노인이 있다고 한다. 꽤 설득력 있고 재미난 분류다. 나는 어떤 종류의 노인으로 살 것인가? 내가 생각해도 누가 봐도 나는 액티브 시니어에 가깝다. 솔직히 액티브 시니어나 선배 know 人으로 오래 건강하게 살고 싶은 마음이 간절하다.

하지만 인지적, 신체적, 정신적 건강이 허락하지 않으면 대책이 없

---

2 [100세 인간] ③ "어떤 노인으로 살 것인가?", 4가지 노인의 유형 (daum.net)

다. 아무리 야무지게 액티브 시니어나 선배 know 人이 되고 싶다고 준비하고 외쳐도 소용없다. 게다가 삶의 질이 확 떨어지면, 내 의지와 상관없이 주변 사람을 힘들게 할 수도 있을 테니까.

한 후배는 내가 '취미 부자'라며 부러워한다. 글쓰기 동아리 활동, 골프, 피아노 수업까지, 그 말이 틀린 것도 아니다. 특히 골프는 상당히 까다롭고 도저히 교만해질 수 없는 운동이다. 게다가 돈·시간·건강·친구까지 네 박자가 맞아야 하니 사실 내 힘에 부친다. 그러나 재밌는 걸 어쩌겠는가! 어떤 것도 재미는 이길 수 없다.

2022년, 둘째 딸이 육아 휴직 중이어서 그해는 나에게 '프리 타임, 황금기'였다. 나는 욕심내 두 개 골프 연 부킹을 신청했다. 하나는 여고 동문 골프 모임이고 또 하나는 골프 연습장 모임 활동. 두 군데를 신청하고 자유롭게 라운딩 다니겠다는 꿈에 한껏 부풀어 있었다. 그러나 큰딸의 삼 남매 돌보는 사돈어른과 열 달 된 손자와 다섯 살 손녀를 키우고 있는 작은딸을 떠올리면 미안함에 뒤통수가 부끄러울 때도 있었다. 다행히 사돈어른께서 손주 돌보는 일을 즐거워하셔서 내 자유로움은 더 달콤하게 느껴졌다.

그런데 어려운 코로나 시국, 1년 6개월 동안 삼 남매를 돌보던 사돈어른이 허리통증으로 그만두게 되었다. 그 화살은 당장 친정어머니인 나에게 돌아왔다. 학기 중에 갑자기 생긴 일이라, 큰딸은 멘붕 상태로

난감해했다. '노는 일도 아니고 일해서 돈 벌겠다는데…. 어려울 때 도와주지 않으면, 부모와 자식 관계가 평생 원망이 남을 수도 있지 않은가.' 시간을 다투는 일이고 딸을 안심시키기 위해서 일단 승낙했다. 그런데 '한 달에 두 번 골프 라운딩 가능할까?' 이미 연회비를 냈고 한참 진행이 된 뒤여서 환불도 어려운데…. 다행히 동문 골프는 손주들 어린이집 등원 후라서 딸이 조퇴하면 되는데, 아이들이 아플 때가 가장 큰 문제였다. 다른 모임은 아침 6시 출발이라서 사위가 연차를 내야만 했다. 처음에 의견을 나눌 땐 사위가 필요할 때 연차를 낼 수 있다고 말했었다.

드디어 바깥 운동하기 딱 좋은 9월이 되었다. 이슬 맺힌 잔디가 아침 햇살에 반짝이고, 푸른 잔디에 가볍게 올라앉은 공을 상상해 봤다. 드라이버를 잡고 시원하게 휘두르면 10년 묵은 체증이 싸악 사라질 것 같았다. 이번에도 골프 라운딩 예약 때문에 먼저 사위에게 톡을 보냈다.

"김 서방, 9월 ○일 골프 라운딩이 있는데 연차 낼 수 있는가?"

"어머님, 9월 ○일은 추석 연휴 전이라 약간 힘들 것 같고요. 혹시 연휴 뒷날 붙여서 ○일 정도에는 괜찮으신가요? 그날 쉬는 것은 가능할 것 같습니다."

곰곰이 생각하다가 젊은 사람 직장 생활을 하는 데 힘들까 봐, "그렇게 할게."라고 답했다. 그 순간 이기적인 나는 연회비를 내놓고 제대로 누리지 못한다고 생각하니 기분이 썩 좋지 않았다.

내가 뭔가 결정할 때 빙빙 돌려 말하거나 뭉그적거리면 딸들은 항상 "그러니까 엄마의 needs(요구)가 뭐예요? 빙빙 돌리지 마시고 엄마의 요구 사항을 정확히 말해 보세요."라고 했던 말이 번뜩 떠올랐다. 그래서 용기 내어 다시 톡을 보냈다.

"김 서방? 내가 2월에 연 부킹을 신청한 거야. 매월 첫째 주 수요일에 고정된 날짜라서 9월 ○일 연차 낼 수 있는지 확인한 거야, 좀 그러네."

"아하, 그러시구나! 어머님! 그럼, 9월 ○일 비워 볼게요. 하하."

이렇게 나의 요구를 정확히 말해서 권리를 보장받고 웃음이 났다. 손주 돌봄이 보람은 있지만, 내가 하고 싶은 것을 포기하며 우울하게 보내는 삶은 싫다. 육체와 정신을 온전히 건강하게 유지하려면 나만의 취미 생활과 배움이 필요하다. 딸과 손주를 무척 사랑하지만, 그렇다고 내 모습을 잃고 싶지는 않다. 이렇게 삼 남매를 돌보면서 취미 활동 권리를 따내려 아등바등하는 장모님도 흔치 않을 것이다.

나는 손주를 가늘고 길게 보고 싶다. 그래서 지혜롭게 손주들 훈련하는 것도 괜찮다고 생각한다. 아이들을 유모차에 태울 때도 스스로 타도록 돕는다. 먼저 유모차를 왼쪽 허리 쪽에 단단히 끌어당겨 붙잡고, 왼발로 바퀴를 자물쇠처럼 걸어 잠가 굴러가지 않도록 중심을 잡는다. 그리고 오른손으로 손자 엉덩이를 살짝 밀어주기만 하면, 아이는 스스로 돌아앉아 편하게 자리를 잡는다.

만약 손주가 두 팔을 활짝 벌리고 "할머니, 안아 줘!" 하며 달려오면 나도 벌떡 일어나 안을 준비를 하며 소파로 간다. 아이의 작은 몸이 품에 파고드는 순간, 따뜻한 체온과 땀 냄새가 가슴 가득 밀려온다. 소파에 앉아서는 숨 막히도록 꼬옥 안아 주며 "사랑해! 아주 많이 사랑해."라고 속삭인다. 아이는 머리를 비비며 까르르 웃다가 볼을 가만히 대준다. 그때의 보드라운 촉감은 할미 마음을 살살 녹인다. 결국 자식과 부모 사이에도 균형이 필요하다. 서로 돕되, 서로의 삶을 존중하는 것! 그것이 건강하고 현명한 길이라고 믿는다.

근거는 없지만
도전할 수 있어요

♪

    나는 노래 부르는 걸 무척 좋아한다. 우리 민족은 오래전부터 음주 가무에 능했고 고대 그리스 제단에서도 음주 가무를 즐겼다는 기록이 있다. 노래를 부르면 흥이 나고 못 추는 춤이지만 몸이 멜로디를 탄다는 것이 흥미롭다. 언젠가 딸들과 쇼핑 중에 AQUA의 〈Barbie Girl〉이라는 신나는 음악이 흘러나왔다. 음악이 너무 신나서 갑자기 흔들어 댔더니, 딸들은 엄마가 이상하다며 도망가 숨어 버렸다. 나의 영어 이름은 Melody! 나름대로 의미를 부여해서 Melody라고 지었고, 내면 어딘가에서 음악성이 샘솟는 듯한 착각 속에 살고 있다.

    우리 아파트 입주자 대표회에서는 매년 중앙 연못 앞에서 하늘 음악회를 연다. 10월, 찬 바람이 살살 부는 저녁 시간에 성악가도 초청하고, 시민 오케스트라 반주에 맞춰 온 주민은 자유롭고 생기발랄한 축제 분위기 속에 빠져든다. 여름 해변에서 자주 듣는 〈푸니쿨라〉 노래가 아파트 전체에 울려 퍼질 땐 온몸에 소름이 쫙 끼쳤다. 아이들은 엄마 아빠 할아버지 할머니 손잡고 그네, 시소, 미끄럼틀도 타고 행운권 추첨도 하며 음악회를 즐긴다.

코로나 팬데믹으로 한동안 하늘 음악회도 주춤했다. 입주자 대표회는 오랫동안 코로나로 지친 입주민을 위로하고 격려하는 차원에서, 음악 축제를 개최한다는 현수막을 걸었다. 이번 콘서트의 특징은 노래 파트 한 팀, 악기 파트 한 팀이 입주민 자격으로 참가할 수 있다는 것! 쓸데없는 호기심이 많은 나는 무엇인가 마음만 먹으면 즉각 실행에 옮기는 성향이다. 그날 마침 친구가 엘리자베스 미첼이 부른 〈You are my sunshine〉 동영상을 보내왔다. 몇 년 전 여고 친구들과 신나게 라인댄스 공연을 했던 추억의 노래였다. 동영상을 들으니 원래 부드럽고 감미로운 가수의 목소리가 내 목소리와 닮은 것 같다는 착각이 들었다. 어쩌면 나도 부를 수 있겠다는 용기가 막연히 생겼다.

수학계의 노벨상인 필즈상을 수상한 허준이 교수는 말한다. "근거 있는 자신감은 언제든지 무너질 수 있다. 하지만 근거 없는 자신감은 유연성과 끈기를 길러 준다." 나는 천부적인 재능에 수년간 다져온 내공으로 물 흐르듯 감미롭게 부른 원래 가수를 순간 잊었다. 감히 그녀를 흉내 낼 수 있다는 생각으로 무모하게 도전하다니! 다음 음악회 때는 경쟁률이 더 세져 참여가 어렵겠다는 얕은 생각에 일단 신청서를 보냈다.

신청서에 간주 부분은 큰손자가 오카리나를 불고 내가 팝송을 부를 계획인데 아직 딸과 손자에게 확인을 받지 못했다고 썼다. 허밍으로 나오는 간주 부분을 열 살 손자가 오카리나로 불면 가을 분위기에 더 어울리겠다고 혼자 상상했다. 마치 영화감독이 기획하듯 상상만으로도 너무 기분이 좋아졌다. 그 후로 나는 산책할 때와 운동 갈 때, 혼자 있을 때, 시간과 공간만 있으면 동영상을 보며 노랫말과 음을 외우기 시작했다. 다음날 큰딸한테 나의 계획을 말했더니 큰손자가 오카리나로는 못 불고 리코더로는 가능하다고…. 며칠 후 손자와 리코더로 맞춰보니 내 목소리는 중저음이고 리코더는 너무 높아서 음색이 맞지 않았다. 게다가 열 살 손자는 부끄러워서 안 하겠다고 해 결국 나 혼자 하기로 했다.

신청자 오디션에 오케스트라 단장, 관리소장, 몇몇 젊은 입주자 대표들이 참석했다. 그들 앞에서 동영상을 틀고 자신감 있게, 크게 노래를 불렀다. 그들은 내 큰 목청에 깜짝 놀라며 목소리를 어떻게 관리했냐고 신기해했다. 즉석에서 딸과 문자로 확인해 손자는 함께 서지 못한다고 입주자 대표께 알렸다. 그러나 그들은 흥미를 보이며 손자와 함께하기를 여러 번 권유했다. "손자는 그냥 손만 잡고 립싱크만 해도 그림이 좋을 것 같아서요." 궁리 끝에 열 살 손자가 아니라 여섯 살 손자에게 유행하는 포켓몬 카드를 선물하고 약속을 받아 냈다.

이럴 땐 손주가 여럿이라 선택의 폭이 넓어 좋다. 우린 따로 때론 함께 만나기만 하면 노래 연습을 했다. 점점 공연 날이 다가오니 걱정이 태산! 특히 노래를 오케스트라 반주에 맞추어 부르려니 더 자신감이 없어졌다. 이런 고민을 작은딸에게 말하자 지금이라도 당장 취소하라고 난리다. 하지만 그것도 약속인데 그냥 포기하고 싶지는 않았다. 나는 시창도 못 하고 박치에 음치 오로지 목청만 조금 괜찮은 듯해 신청하긴 했는데…. 연습하면 할수록 아는 동네 주민들 앞에서 망신살 떨까 봐, 덜컥 겁이 났다.

진짜 음악회가 시작된 날, 오프닝 순서에 할머니와 손자 팀으로 무대에 섰다. 전문가인 오케스트라 단원이 즉석에서 박자를 찰떡같이 맞춰줘서 신나게 노래를 부를 수 있었다. 얼마나 다행이던지! 선선한 바람, 뉘엿뉘엿 저물어 가는 노을빛으로 물든 저녁 분위기는 정말 환상적이었다. 우리 세 가족 열한 명, 7개월 된 아기까지 모두 코로나에 걸려서 자유롭게 만나지 못했던 이 시대에! 이번 음악회는 백숙에 피자, 아이스크림케이크까지 준비해 진정으로 오랜만에 우리 집의 가족 행사가 되었다. 큰사위는 '장모님은 이벤트의 여왕'이라며 놀리는데 웃음이 났다.

근거 없는 자신감에서 출발했던 음악회 출연은 모든 만남의 고리를 끊어버린 코로나 시국에 우리의 마음을 다시 하나로 묶어 주는 계기가 되었다. 그리고 사회적, 경제적, 개인적으로 옴츠러들었던 분위기를 한껏 띄워 주었던 축제였다! 그날의 노래는 아직도 내 가슴에 울려 퍼지며, 삶을 더 용감하게 살아도 괜찮다고 말해 주는 듯하다.

할머니와 여섯 살 손자가 하늘 음악회에 출연하다.

할머니의 빨간 자전거, 다시 달린다

♪

  20여 년 전, 나는 신나게 안양천을 달리던 '빨간 자전거'의 주인이었다. 동료들과 함께 바람을 가르며 달리던 그 시절, 자전거를 타면 가슴이 뻥 뚫리고 자유로움 그 자체였다. 언젠가 친구가 자전거 타다가 뼈가 부러져 깁스했다는 소식을 들었다. 그 후, 자전거는 현관 구석에서 먼지를 뒤집어쓴 채 나는 눈으로만 자전거를 타고 있었다. "그 자전거, 팔면 제법 받을 수 있을 텐데…" 남편의 비아냥거림을 귓등으로 흘려듣곤 했다. 나의 소중한 추억이 담긴 빨간 자전거는 언젠가 손자가 크면 꼭 물려주고 싶은 애장품이었다. "성호야, 네가 크면 할머니 자전거 줄게."라며 몇 번이고 그 말을 건넸다. 드디어 손자가 6학년이 되어 우리 동네로 이사 오게 됐다. 이제는 약속을 지킬 때였다. 자전거는 오랜 시간 타지 않아 타이어 바람이 빠지고, 덜컹거리기만 했다. 나는 딸에게 조심스럽게 말했다. "성호한테 자전거 물려주고 싶은데, 괜찮을까?" 딸도 흔쾌히 동의했고, 손자는 두 눈을 반짝이며 기뻐했다. 할머니가 타던 자전거를 갖고 싶다니, 얼마나 고맙던지!

37도를 넘나드는 무더운 여름날, 두 손자, 딸, 그리고 나는 30분 넘게 땀을 뻘뻘 흘리며 제대로 탈 수도 없는 자전거를 끌고 수리점으로 향했다. 손자는 가는 내내 계속 물었다.
"할머니 정말 이 자전거 고쳐서 제가 탈 수 있을까요?"
"성호야, 만약 이 자전거 고쳐지지 않으면 할머니가 새것으로 사 줄게. 됐지?"
보통 부모나 조부모는 그냥 고쳐서 건네줄 수도 있다. 하지만 딸은 손자가 사용할 자전거, 그것도 할머니가 타던 것을 물려받는데 본인이 직접 끌고 가게 하고 싶다고 말했다. "소중한 물건은 그냥 쉽게 얻어지는 게 아니라서, 직접 끌고 가는 것도 의미 있는 경험이지 싶었어요." 그 말이 참 고마웠다. 자전거를 끌고 가는 발걸음 하나하나가 또 하나의 귀한 추억이 될 테니까.

눈치 빠른 수리점 사장님은 빨간 자전거를 보자마자 말했다. "이렇게 좋은 자전거는 고쳐서 타야지. 게다가 할머니가 타던 거라니, 더 귀하지요!" 사장님의 말씀 한마디에 나도, 손자도, 딸도 모두 만족스러운 웃음을 지었다. 타이어 튜브에 새바람을 넣고, 먼지도 털어 내고 닦고 조이고 기름칠까지 해 주셨다. 강렬한 햇빛에 녹아 끈적거리던 손잡이도 새것으로 교체하고, 야간용 등까지 다니 빨간 자전거는 완전히 새 얼굴이 되었다. 수리비는 단돈 5만 원! 손자는 횡하니 자전거를 타고 달려갔다.

며칠 뒤, 딸이 사진을 보내왔다. 손자가 자전거를 타며 활짝 웃고 있는 모습. 그 모습을 보자 눈물이 핑 돌았다. 내가 소중하게 타던 자전거를 손자가 이어 타고 있다니!

나도 문자를 보냈다. "성호야 자전거는 마음에 드니? 바퀴 달린 물건은 편리하지만, 무섭기도 한 거야. 자동차보다 더 조심해서 타고 다녀야 해. 할머니가 걱정돼서…. 그리고 요즘은 도둑도 많아. 자물쇠 꼭 채우고 다녀야 한다. 잃어버리면 너도 할머니도 많이 속상할 것 같아서 부탁해. 할머니도 옛날 안양천 라이딩 할 때 화장실 갈 때마다 자물쇠를 잠그고 다녔거든. 소중한 것은 관리도 정성이 필요해. 우리의 연결 고리인 이 빨간 자전거를 성호가 오래오래 잘 타 주면 고맙겠어. 할머니가 부탁해!"

요즘은 너무 쉽게 물건을 버리는 세상이다. 새것이 넘쳐나고, 낡은 것은 쉽게 외면받는다. 하지만 손때 묻은 물건에는 시간과 이야기가 담겨 있다. "성호, 성규, 너희는 이사 올 때 아빠와 삼촌이 쓰시던 책상도 물려받았다며. 참 기특하기도 하지!" 자전거든 책상이든, 누군가의 추억을 담은 물건을 다시 쓰고, 이어 간다는 건 참 멋진 일이다. 그건 단순한 재사용이 아니라 마음과 시간을 물려받는 일이니까. 우리는 그저 오래된 물건을 준 게 아니라, 서로의 시간과 마음 그리고 '함께한 추억'을 전해 준 거다.

　할머니의 빨간 자전거는 이제 손자의 추억 속으로 달려간다. 이렇게 나와 손자 사이엔 단단한 사랑의 연결고리 하나가 더 생겼다. 물건 하나로도 세대가 이어질 수 있다는 것을 우리는 37도가 넘나드는 뜨거운 여름날, 바람 빠진 자전거를 끌며 배웠다. 누군가의 손때가 묻은 물건은 마음을 잇는 끈이 될 수 있다는 것을!

막강한 힘, 그리고
도움과 배려의 장

♪

    나이가 들어서야 책을 읽고 글을 쓰는 것이 얼마나 재미있는지 깨달았다. 매일 새벽, 습관처럼 노트북을 펼친다. 생각을 담은 글을 쓰고 블로그나 브런치에 글을 올리는 일이 나의 기쁨이 되었다. 여기저기 보이는 글감을 옮기다 보니, 특별한 순간이 차곡차곡 쌓이며 삶이 풍요로워졌다. 홍세화 작가님은 "독서는 사람을 풍요롭게 하고 글쓰기는 사람을 정교하게 한다."라고 했다. 그 말처럼 나는 글쓰기를 통해 나 자신을 다듬어 가고 있다. 지자체 도서관에서 주관하는 질 높은 글쓰기 수업에 꾸준히 참여하니, 점점 내 글이 정리되고 콘셉트가 잡히는 것을 느낀다. 글의 카테고리가 넓어질수록 내 세계도 함께 확장되는 듯하다.

어느 날 도서관 게시판에서 '독립 출판 시민 작가 모집' 한다는 플래카드를 보았다. '나도 책 한 권쯤은…' 하는 마음이 스쳤다. 대다수 사람에게는 '자기만의 책 한 권을 내고 싶은 로망'이 있지 않을까? 나도 그렇다. 혼자 기획해 책을 내려면 막막할 텐데…. 이번 기회에 또 하나의 새로운 작업에 도전해 보기로 마음먹었다. 배움은 언제나 새로운 사람과 세계를 만나는 문이 되니까.

60이 넘은 지금, 나는 한글 워드를 사용해 근근이 글을 써나간다. 어마어마한 컴퓨터의 기능을 단 10%도 제대로 모르는 것 같아 답답할 때가 많다. "챗GPT에 물어보면 다 나온다."라고 말하지만, 문제를 정확히 파악해야 검색도 가능한 법이다.

월요일 저녁 7~9시까지, 단 4회 수업으로 자기 원고만 있으면 책을 만들 수 있다는 도서관 강좌를 신청했다. 손주 돌봄을 끝내고 딸이 퇴근하면 빠듯한 시간을 대기 위해 택시를 타고 도서관으로 향했다. 첫 수업은 '독립 출판에 관한 오리엔테이션'이었지만, 하나도 귀에 들어오지 않았다. 첫 수업에서 여러 가지 프로그램을 설치할 때 제대로 따라가지 못하고 우왕좌왕 갈피를 잡을 수가 없었다. 젊은이들은 척척 실행하는 듯 보이는데 컴퓨터 언어가 낯선 나에겐 그야말로 어두운 숲속을 헤매는 기분이었다. 컴퓨터에 있어서는 나와 비슷한 수준인 남편과 둘이 산다. 내 주변에 물어볼 젊은이 하나 없는 현실이 갑자기 쓸쓸하게 느껴졌다.

하루 종일 할머니와 놀다가 퇴근하는 엄마의 양다리를 붙들고 반갑다고 방방 뛰는 손주들을 보면 '얼마나 엄마 사랑이 고팠으면 저럴까?' 눈물겹도록 뿌듯하다. 그런 딸에게 나의 궁금증까지 해결해 달라고 엉겨 붙을 엄두가 나지 않아 말도 꺼내 보지 못했다. 예전엔 컴퓨터에 관한 것은 무조건 남편에게 물어보면 대충 해결되었다. 그러나 이제 나이가 들고 이번 독립 출판에 관한 프로그램인 '인디자인'은 남편에게도 생소한 것이었다. 돈을 주고 프로그램을 설치했지만, 막상 강사님의 설명을 상기하며 집에서 실행하려니 아이콘조차 보이지 않아 순간 당황스러웠다. 결국 컴퓨터 AS센터에 전화를 걸어 원격 서비스를 받고서야 문제를 해결했다.

두 번의 수업이 끝날 무렵, 강사님은 "이제 남은 두 번 수업 안에 결과물을 완성해야 합니다."라고 강조했다. 하지만 강의를 듣고 프로그램을 이해하며 책을 만든다는 것은 나 같은 문외한에게는 여전히 버거웠다. 주말에 노트북을 들고 같이 수업 듣는 후배를 카페에서 만나 하나씩 물어가며 문제를 해결해 갔다. 조금씩 이해가 되자 자신감이 생겼다. '나도 할 수 있겠다!' 그러나 마지막 수업 날, 과제를 어느 정도 완성했다고 생각하며 갔지만, 정작 실습이 시작되자 머리가 새하얘졌다. 실타래처럼 엉키는 과정에 어디서부터 손을 대야 할지 몰라 머리만 지끈거렸다. 마치 과부하가 걸려 헛도는 기계처럼….

  결국 번아웃이 되어 빨리 이 장소를 벗어나고 싶은 마음만 간절했다. 그래서 포기하겠다는 마음으로 오만상을 찌푸리며 짐을 꾸렸다. 그때 내 또래 남자 수강생 한 분이 다가와 조용히 물었다. "저는 한 페이지씩 인쇄해서 수정을 봤어요. 선생님은 그런 노력을 해 보셨나요?" 그 말을 듣는 순간 얼굴이 화끈거렸다. 나는 불평만 하고 있었지, 정작 노력은 제대로 하지 않았던 것이다! 그는 "포기하지 말고, 하나씩 해 보세요."라며 진심 어린 격려와 용기를 건넸다.

  1주일간의 여유를 주며 완성본을 인터넷으로 제출하라고 도서관 사서 선생님이 공지했다. 마지막 수업은 끝났지만, 수강생들과 강사님의 열기는 하늘을 찔렀다고…. 그날 밤 1시가 넘어서야 집에 돌아간 수강생도 있다는 소식을 들었다.

  오픈 채팅창은 계속 묻고 답하는 토론의 장으로 그 이튿날까지 떠들썩했다. 나는 번아웃 상태라 더 이상 파일을 보고 싶지 않아 컴퓨터 자체를 거들떠보지도 않았다. 그러나 "포기하지 말고, 끝까지 함께 하자."던 말이 오랫동안 내 귓가에 울렸다. 그래서 이틀 후, 아쉬움에 그 파일을 다시 열었다.

  선생님이 마지막 수업 중에 말씀하셨던 힌트 한마디. "이것은 하나하나 모두 작업을 다시 하셔야 합니다." 그땐 냉정하고 힘 빠지게 들렸었다. 하지만 어쩌면 노동시간만 투자하면 해결될 것도 같다는 생각이 들자, 그동안 막혔던 숨구멍을 찾은 듯 묘한 힘이 솟아났다. 생각해 보니 단지 시간이 더 필요할 뿐 해결이 불가능한 일도 아니었다. '그래, 노동이라면 나야 전문가지!' 강사님의 말을 떠올리며 페이지마다 차근히 작업하자 신기하게도 하나씩 해결됐다. 미지의 세계를 헤쳐 나가듯 짜릿한 희열감과 안도감이 밀려왔다. '나이 들었다고 포기하면 안 되지!'

머릿속에 얹혀 있던 돌덩어리가 하나씩 치워지는 듯 개운했다. 그렇게 몇 시간의 노동과 욕심을 버리며 단순화하자 원하던 결과물이 탄생했다. 결국 욕심이 문제였다. 초보자가 사진까지 다 담으려는 욕심이 과해서 실타래처럼 엉켰던 것이다. 그때부터는 겸손하게 채팅방에 질문을 올렸다. 그러자 믿기 어려울 만큼 따뜻한 응답이 쏟아졌다.

채팅방에 있는 30여 명의 수강생이 모두 한마음으로 자기가 알고 있는 해결책을 하나씩 알려 주었다. 아는 사람은 성심껏 설명하고, 모르는 사람은 묵언으로 응원해 주었다. 결국 소통이 문제 해결의 핵심이었구나! 감사한 마음에 울컥하고 가슴이 찡했다. 어떤 글 벗은 "모르면 전화하세요."라며 전화번호까지 남겼다. 그분들의 진심 어린 연대감이 마음을 따뜻하게 덮어 주었다.

그 순간 문득 생각했다. '나는 누군가에게 이렇게 진심을 다해 어려움을 해결해 주려는 따뜻한 마음을 가져 본 적이 있었던가?' 나이 들수록 더 베풀고 나누어야 하는데, 오히려 많은 정성과 사랑만 받으며 살아온 것 같아 마음 한켠이 뭉클해졌다.

  마지막 퇴고한 PDF 원고를 인쇄소에 보내면서 '수정 오류 메시지'가 뜨지 않기를 간절히 바랐다. 다행히 끝까지 수정하라는 문자는 나타나지 않고 통과되었다. 이렇게 세상에는 자기 일처럼 관심과 배려가 넘치는 이타적인 사람들이 있다. 나도 미력하나마 내가 알고 있는 정보를 알려 주고 나누는 마음을 열어야겠다.

  이렇게 취미 수업은 내게 낯선 세계로 통하는 문이 되어 주었다. 힘들 때 따뜻한 마음으로 위로해 주고 "끝까지 포기하지 말고 함께하자."라고 용기를 준 젊은이들의 따뜻한 말이 큰 힘이 되었다. 그리고 진심으로 정겹고 고마웠다. 채팅창에 버벅거리며 질문을 해도 찰떡같이 알아듣고 실제로 전화까지 해서 하나씩 짚어가며 자세하게 알려 주신 분 감사합니다. 열정적인 강사님과 글 벗들의 도움 속에서 마침내 책을 만나는 기적이 일어났다. 출판 기념회에서 그 책을 품에 안는 순간, 가슴 깊이 벅찬 감회가 밀려왔다. "그래, 결국 해냈네. 함께여서 끝까지 갈 수 있었구나!"

함께해서 가능했던 독립출판의 기적

대리 육아인 줄 알았는데 효도였다

♪

　코엑스에서 열리는 국제 도서전에 갔다. 몇 년째 이런 훌륭한 전시회가 열렸다는데 몰랐다. 처음엔 전시장이 너무 커서 어떻게 어디서부터 관람해야 할지 몰라 후배를 졸졸 따라다녔다. 순간 그녀를 놓쳤다. 그제야 눈앞에 여러 종류의 수많은 책이 보였다. 이 책 저 책 둘러보다가 『사랑인 줄 알았는데 부정맥』이라는 제목과 표지가 눈에 띄었다. 책을 잡자마자 단숨에 읽어 내려갔다. 현재 내 상황과 비슷하고 미래의 내 모습을 담은 시들이라 공감이 컸다. 책에서 읽었던 몇 개 특유의 운문시가 내 머릿속에 맴돌았다.

"개찰구 안 열려 확인하니 진찰권"
"젊어 보이시네요. 그 한마디에 모자 벗을 기회 놓쳤다."

너무 웃겨서 메모장에 열심히 적어 두었다. '나이 들어도 가슴 뛸 일이 생겼다는 것인가? 도대체 무엇이 가슴을 뛰게 한 일일까? 가슴이 뛴 게 아니라 부정맥으로 심장이 뛰었다는 거야?' 제목과 표지만으로도 여러 상상을 하게 됐다. 사랑하는 사람을 만나거나 생각만 해도 심장은 두근거린다. 그런 것인 줄 알았는데…. "부정맥이란 심장의 정상적인 리듬이 흐트러지는 상태로 심장이 너무 빠르게 너무 느리게 또는 불규칙하게 박동하는 것"을 말한다. 여러 이유가 있겠지만 부정맥은 노화로 인해 전기신호에 이상이 생겼다는 것이다. 아하, 노화 때문에 맥박이 심장이 빠르게 뛰었다는 거였구나! 씁쓸했다.

블로그에 매일 몇 편씩 사물과 꽃, 나무 돌 등 자연에 대해서 하이쿠를 쓰는 지인이 있다. 하이쿠는 5-7-5 모두 17자로 짧게 구성된 일본의 정형시다. 그리고 내가 국제 도서전에서 흥미롭게 읽었던 책은 센류 모음집이라고 한다. 하이쿠는 자연에 대해, 센류는 인간 사회에서 벌어지는 일상을 주제로 쓴다고 한다. 앞으로 나에게도 일어날 법한 상황, 실버 세대의 일상과 생각을 담아낸 정형시를 주로 칭한다.

며칠 후 적어 둔 시가 생각나 아침에 잠에서 깨나지 못하고 비몽사몽인 남편에게 읽어 줬다. 남편은 평소에도 웃음기 없는 사람으로 잘 웃지 않는다. 나한텐 너무나 웃긴 표현인데…. 좀처럼 웃지 않아서 남편의 귀에 바짝 대고 "서로를 돌보다가 다시 한번 싹트는 부부애"라며 큰

소리로 읊었다. 여전히 시큰둥하니 별 반응이 없다.

  나는 신나서 가족 단체 대화방에 사연을 올렸다. 그 책에 관해 검색해서 다른 시도 공유했다. 큰사위한테 화살처럼 빠른 속도로 시 한 수가 날아왔다. "효도인 줄 알았는데 대리 육아!" 크악 센스가 기가 막힌다. 폭풍 칭찬했다. 짧고 명쾌한 답장을 잘하는 큰사위! "손자녀 돌보는 모든 조부모님 사랑합니다."라는 댓글도 남겼다. 첫째 사위는 함께하는 놀이에 빠르게 반응하고 장모님이 놀려도 생글생글 잘 웃어줘서 고맙다.

  나는 딸과 사위를 대신해서 황혼 육아하고 있다. 자식들의 힘듦을 덜어 주기 위해 소중한 일을 한다. 때로는 '손주들이 할머니에게 더 큰 기쁨을 주는 것이 아닌가?' 하는 생각이 들기도 한다. 어느 날 놀이터에서 초등학생이 높이 타고 있는 그네 옆을 태연히 지나가고 있는 손자! 순간 나도 모르게 아이를 잽싸게 낚아챘다. '어떻게 그런 순발력이 나왔을까?' 일촉즉발의 아슬아슬한 순간, 큰 사고가 날 뻔한 상황을 생각하니 지금도 다리가 후들거린다. 이렇게 종일 긴장의 끈을 놓을 수 없지만, 손주들이 있기에 나는 오늘도 중심을 잃지 않는다. 딸이 퇴근하고 할머니가 집에 갈 때 "안녕히 가세요. 내일 또 오세요." 기침이 심해 등을 살살 두드려주면 "고맙습니다."라고 말하며 손주들이 자주 웃는 상황을 만들어 줘서 행복하다.

제목에 이끌려 읽고, 지금까지 기억에 남는 공감 가는 시들을 읽는데 웃기고 슬프기도 하다. 그렇게 한 시구씩 가슴에 새겼다. 내가 앞으로 가야 할 길을 미리 알려 주는 것처럼 다정하기도, 슬프기도, 왠지 짠하기도 하다. 이런 일상을 시로 접하니 머리가 쨍하다. 어떻게 무엇을 하며 노년을 즐겁게 살아가야 할지 상상해 본다. 어른들이 할 일이 없다는 것은 곧 외롭다는 뜻이다. 나는 오후에 출근해서 손주를 돌본다. 무엇보다 가치가 있고, 의미 있는 일을 하러 가는 것이다.

끊임없이 뱉어 낸 예쁜 말과 몸짓으로 할머니 할아버지를 깨우쳐 주고 감동의 도가니로 빠지게 하는 손주들! 눈이 감기도록 활짝 웃는 모습이 귀엽고 애틋해서 눈물이 맺힌 순간을 떠올려 본다. 나에게 허락된 지금, 아이를 돌보는 동안만이라도 후회 없이 사랑을 듬뿍 쏟아 주고 싶다.

아이들이 커 가면 이런 행복을 맛보는 시간이 줄어들 테니까!

대리 육아인 줄 알았던 효도도 영원한 것은 아닐 테니까!

밥상에서 미래까지, 주부는 생활 기획자

♪

    주부는 단순한 가사 노동자가 아니라 가정의 모든 것을 계획하는 생활 기획자. 누가 진심으로 인정해 주지 않아도, 당연한 일처럼 여겨져도 꿋꿋하게 그 일을 해 나가고 있다. 언제나 가족 식사를 가장 먼저 떠올리는 주부들! 눈을 뜨자마자 '오늘 아침은 무엇으로 준비할까?' 냉장고 속 재료를 머릿속에 그려본다. 며칠 전에 사둔 브로콜리를 쪄야겠네. 돼지고기와 표고버섯을 살짝 구워 텃밭에서 따온 깻잎장아찌에 싸 먹으면 되겠구나. 가족들은 주부가 이렇게 세세한 것까지 계획하는 줄도 모른 채 반쯤 감긴 눈으로 밥상을 마주한다.
    언제나 식사 거리를 기획하고 냉장고에 있는 재료 소진과 유통 기한도 챙겨야만 하는 주부들이다. 펑펑 놀고 있는 한량처럼 보일 수 있지만, 그들의 머릿속은 언제나 식구들의 건강과 요리 준비로 가득 차 있다. 먹거리도 '어디서 어느 것으로 살지?' 고민한다. 밥알이 톡톡 씹히는 주꾸미와 오징어 꼬막 등 제철 음식을 식구들에게 맛보게 하려고 챙긴다. 맛있는 식사를 준비하려면 우선 몸과 마음이 건강해야 한다. 체력이 좋아야 가족도 챙기고 다정함도 생긴다. 마음이 처지고 만사가 귀찮아지면 가족의 건강은 금세 뒷전이다.

주부들 가슴속에 가장 많은 부분을 차지하는 것은 역시 육아와 병원 학원에 관한 정보다. 어린이집이나 유치원의 선택, 의료기관도 한 곳만 주야장천 다녀야 할지, 투어라도 해야 할지, 정답 없는 결정을 끊임없이 해야 한다. 아이들이 커 가면 학원 고르기는 더 커다란 산이다. 부모가 아니라 아이들 의견까지 참고해야 하니 그것 또한 쉽지 않은 과제다. 그 점에선 주부들은 나름의 정보력을 이용해 최고의 전문성을 발휘한다. 딸들이 결혼해 손주까지 낳았는데도 돌봄에 참여하다 보니 나도 각종 일에 관심이 생겼다. 하지만 자식들과 양육에 관한 생각이 다를 수 있어 선을 넘지 않으려고 한다. 내 자식이라면 내 방식대로 해결하겠지만, 나의 교육 철학이 어쭙잖게 보이거나 잘못된 정보일 수도 있어 조심스럽기만 하다.

또한 가정경제에 가장 큰 관심사인 '집을 사는 문제'도 남자보다는 여자들 몫이 큰 경우가 많다. 물론 이런 중대한 일은 부부가 합심해서 결정해야 한다. 하지만 직장 일에 시간이 부족하거나 그런 일을 귀찮아하는 남자도 있다. 주부들이 그냥 앉아서 수다만 떠는 것처럼 보일 수 있지만, 그들 나름의 정보력이 있다. 살림꾼들의 이야기를 잘 챙겨 들으면 앞으로의 경기 흐름도 읽히고, 미래의 방향이 보이기도 한다. 인생은 속도가 아니라 방향이라고 하지 않던가. 그들은 치열한 머리싸움으로 가정경제를 이끌어가는 역군이다. 어떤 상상을 하며 어떤 부류와 어울리느냐에 따라 각자 삶의 방향이 정해지기도 한다. 결국 자신이 관심 있는 분야의 사람들과 어울리게 되는 법이다.

주부 자리는 쉼도, 휴일도 없을 뿐만 아니라 연금도 정년퇴직도 없다. 눈에 보이는 연금이 아니고 언젠가 내 것이 될 수도 있겠지만, 그저 자식들을 생각하며 두루뭉술하게 상상만 한다. 사람은 '기운'보다 '기분'으로 살아간다고 하지 않던가. 이른 아침 기운 차리려고 애쓰며 부엌으로 향하는 주부! 맛있는 식사를 준비해 사랑하는 가족과 함께 먹으면 기분도 한결 좋아지겠지.

나는 끝까지 '주부'의 자리를 내려놓지 못하고 남편한테 도와달라고 정당하게 요구하지도 못한 채 살아왔다. 요즘 시간이 넉넉한 남편에게 가사 분담을 요구하면 "함부로 남의 중요한 자리 뺏을 수 없다."라며 웃어넘긴다.

손주 돌봄을 마치고 돌아올 때, 식사 시간이 다가오면, '오늘 반찬은 무엇으로 하지? 김치찜? 아니면 김치찌개?' 이미 머릿속으로 밥상을 차리고 있다. 끊임없이 선택해야 하는 라이프 매니저들! 그래도 해야지. 평생을 이렇게 기획자로 살아온 주부들, 만세 만 만세다!

그런데 이렇게 글을 쓰고 나니 뭔가 뒤가 켕겼다. 내 견해가 우리 시대에는 어느 정도 일반적이라고 생각해 왔다. 하지만 세대를 거르며 보니 주변의 젊은 사람들은 요리도 살림도 육아도 거뜬히 하고 재테크도 열정적이다. 남자지만 의식주에 관한 계획을 철저히 세우고 실천하는 '생활 기획자'들도 많다. 세상은 내가 본 게 전부가 아니었다. 내 주변만 보고 함부로 결론을 내린 것은 아니었을까. 그래. 이제는 내 관점과 선입견을 바꿔야지!

어느 날 내 사고의 오류를 깨닫고 큰딸에게 고민을 털어놓았다. "엄마, 주부가 꼭 여자일 필요는 없잖아요? 요즘 남자, 자기 일도 철저히 하며 가사도 육아도 제대로 하는 남자 주부가 많아요. 누구라도 집안일에 관심이 많고 즐기는 사람이 하면 돼요." 그렇지! 그렇게 사고를 확장하니 틀린 말도 아니었다.

인생의 큰 문제인 집을 구할 때도 적절한 시점을 찾고 자금 마련 방법을 기획하는 주부 남자들이 많다. 집을 리모델링해서 따뜻하고 향기나는 공간으로 어떻게 꾸밀지 상상하며 설렘으로 가득한 남자들 모습도 낯설지 않다. 오래전 나와 남편은 이불을 뒤집어쓰고 예금이 불어

나는 통장을 보며 집을 살 꿈을 키웠었는데⋯. 그래서 더 이상 '주부는 기획자다.'라는 나의 구태의연한 생각으로 능력 있고 즐기는 사람들을 설명할 수 없음을 깨달았다. 개인적인 경험에서 비롯된 주관적인 생각일 뿐, 일반화할 수 없음을 스스로 인정했다.

주부도 라이프 매니저, 생활 기획자 등으로 정의를 넓혀 보면 어떨까.

놀이터 아빠들이
우리 아이를 키우고 있어요

♪

요즘 날씨가 변덕이 죽 끓듯하다. 마음도 몸도 축축 처지고 우울하지만, 손주들은 놀이터에 '출근 도장'을 찍어야만 집으로 들어간다. 그곳은 아이들의 웃음소리와 양육자들의 수다로 시끌벅적하니 늘 활기가 넘친다. 요즘은 '놀이터 아빠들'의 활약이 눈에 띈다.

펄쩍펄쩍 뛰어다니며 온몸으로 놀아 주는 아빠!
"공룡이다. 도둑이다." 하며 목소리로 제압하고 웃음 터지게 하는 아빠!
묵묵히 벤치에 앉아 안전하게 노는지 눈으로만 지켜보는 아빠까지!

우리 손자는 자주 남의 아빠 셔츠를 치켜들고 얼굴을 파묻으며 너무 행복해한다. 그 아빠는 손자의 머리를 부드럽게 쓰다듬으며 "알이다. 누구 알이지, 리한아?" 하고 자기 아들에게 묻는다. 손자는 숨죽이며 귀를 쫑긋 세우고, 친구가 "유준이 알이요."라고 대답하면 그는 등 뒤로 손을 내밀어 손자 엉덩이를 받치고 업어 준다. "삼촌 허리 아파, 안 돼. 빨리 내려." 떼어 놓으려고 아무리 안간힘을 써도, 손자는 게딱지처럼 딱 붙어 웃으며 버틴다. 이런 장면 하나하나가 얼마나 고맙고 따뜻하든지! 딸은 종종 말한다. "놀이터 아빠들이 우리 아이를 키우고 있는 것 같아요."

그만큼 요즘 아빠들이 육아에 대한 태도나 관심이 우리 세대와는 완전히 다르다. 사실 우리 사위는 유연근무제로 아침에 남매를 등원시키고 출근해 늦게 퇴근해서 놀이터에 잘 나오지 못한다. 그런데 출장 갔다가 일찍 퇴근해 오랜만에 놀이터에서 아이들이 노는 모습을 함께 보게 됐다. 멀찍이 서 있던 사위를 보고 활달하고 적극적인 한 아빠가 "유준이 아버님, 오늘 도둑 역할 좀 해 주세요!" 하며 게임에 초대한다. 도둑잡기란 한 사람이 도둑이 되고 나머지 애들은 경찰이 되는 게임이다. 도둑은 무조건 도망치고 아이들은 뛰어다니기만 하는 놀이로 단순한데 굉장히 재밌어한다. 새로운 아빠 등장에 한껏 흥분한 어린이들! 한꺼번에 우르르 몰려들며 "도둑이다. 도둑 잡자!" 외치며 무섭게 달려드는 애들에게 둘러싸여 도망칠 수밖에….

평소 다른 아빠나 엄마 할머니는 안전한 놀이터 안에서만 도둑잡기를 한다. 우리 사위는 어쩔 수 없이 시작하긴 했는데, 놀이 공간에 가득한 사람들 앞에서 하기는 정말 조심스러운가 보다. 자꾸만 놀이터가 아닌 울타리 밖, 간이 주차장 쪽으로 도망치는데…. 그곳은 간간이 택배차가 드나들어서 복잡하고 위험한 곳! 그러나 아이들은 경찰이 돼서 도둑을 잡으러 자연히 밖으로 나가게 된다. "유준이 아빠, 그곳은 위험하니까 놀이터 안쪽으로 들어와." 다급하게 소리쳐도 쉽게 안전한 놀이 공간으로 들어오지 못한다. 그래도 그는 끝까지 최선을 다했다.

도둑잡기처럼 어린이들과 놀아주는 것도 일종의 품앗이다. 자기 마음과 달라도, 자녀들 기 살려 주려고 최선을 다한다. 부끄러움의 농도가 짙어질수록 어린 친구들의 숨소리는 거칠어지고, 깔깔거리는 웃음소리는 놀이터를 가득 메웠다. 놀이터에 출근은 하지만 놀이까지 해주는 아빠는 여전히 많지 않다. 그날, 소년처럼 해맑은 웃음을 띠고 아이들한테 둘러싸여 도망 다닌 모습은 자신에게도 아이들에게도 지켜보는 사람들에게도 참 귀한 장면이었다. '번데기에서 나비로 탈바꿈하듯, 얼마나 부끄러움의 농도가 짙었을까?'

그날 밤, 잠자리에 들었는데 낮에 땀을 뻘뻘 흘리며 난감한 표정을 짓던 작은사위 모습이 떠올라 다시 웃음이 터져 나왔다. 부끄러움을 이겨내고 아이들과 신나게 놀아 준 용기! 어려운 일을 기꺼이 해낸 행동 자체가 자식에 대한 사랑이고 책임감이었다. 그리고 요즘 시대의 '좋은 아빠'가 갖춰야 할 덕목이었다. 물론 어떤 아빠라도 이런 기회와 상황을 주면 기쁘게 해낼 것이다.

요즘 사회는 육아를 돕는 아빠가 아니라, 함께 육아하는 아빠.
아이와 함께 땀 흘리고 눈을 맞추는 아빠.
부끄러움을 이겨 내고 놀이에 뛰어드는 아빠를 원한다.

이런 모습이 하나둘 늘어갈수록 사회는 더 건강해질 것이다. 그러나 아직도 육아하는 많은 부부가 이런 혜택을 충분히 누리지 못한다. 직장 문화, 제도, 사회 인식이 함께 바뀌어야 한다. 아빠의 육아 참여가 선택이 아니라 실천할 수 있도록 정부와 지자체의 실질적인 지원이 더 넓고 촘촘히 펼쳐지길 바란다.

손자의 한마디에
웃음꽃 핀 새해 산행

♪

　큰손자 성호와 둘째 손자 성규가 외갓집에서 자는 두 번째 날이었다. 두 손자는 작년 추석 할머니 집에서 처음으로 잤다. 큰손자는 태어나 처음으로 외갓집에서 잤다며 억울한 표정을 지었다. 그때 할아버지랑 우리 넷은 거실에 이불을 쫙 펼쳐 놓고 나란히 누워 베란다 너머 둥근 보름달을 보며 소원을 빌었다. 손주들은 내 팔을 한 쪽씩 붙잡고 좋아서 킥킥대며 소리쳤다. 달빛이 은은하게 손주 얼굴을 비췄고 팔에 파고드는 아이들의 따뜻한 체온과 부드러운 손이 내 마음도 환하게 밝혀 주었다. 그 뒤로 할머니 집에서 잠잘 기회만 호시탐탐 노리는 손주들!

　오늘은 설날, 두 딸네와 온 가족이 모였다. 종일 맛있는 것 먹고 장기 자랑도 하며 실컷 놀고 집으로 갈 때였다. 손주들이 떠날 때는 언제나 시원섭섭하다.

"할머니, 형이랑 자고 가도 돼요?" 갑자기 성규는 한 마디 툭 던지며 할머니 표정을 살핀다. "그래. 자고 가라." 나도 모르게 말이 튀어나와 버렸다. 성호와 성규는 뛸 듯이 기뻐하며 팔짝팔짝 뛰는 모습에 한바탕 웃음바다가 되었다. 큰딸과 사위는 자기도 자겠다며 떼쓰는 막내를 겨우겨우 달래 집으로 돌아갔다. 둘째 사위는 이제 세 살 된 손자에게 말했다. "유준아? 너는 언제 커서 형들이랑 외갓집에서 잘래? 형들이랑 자면 신날 텐데…."

다음 날 아침 성규는 반쯤 뜬 눈으로 일어나 조용히 할머니를 찾았다. 나는 언제나 새벽 일찍 일어나 내 방에서 책도 읽고 글도 쓴다. 성규는 내가 누워 있는 침대로 스르르 밀고 들어와 안긴다. "할머니의 품은 언제나 따뜻하고 포근해요." 그 순간 성규 머리카락에서 나는 달콤한 냄새가 코끝에 머문다. 할머니의 덜렁덜렁한 팔을 만지며 여섯 살 때 이야기를 꺼냈다. 내가 사는 아파트 입주자 대표회에선 일 년에 한 번씩 음악회를 연다. 우리는 할머니와 손자 팀으로 참가해 〈You are my sunshine〉을 불렀다. "할머니, 그때 불렀던 노래 한 번 불러 봐요. 다 잊어버렸어요.", "다시 부르면 생각날걸." 우리는 아침부터 유튜브로 무려 다섯 번이나 불렀다. 목이 트이지 않았지만, 손자와 함께하니 신났고 노래 가사가 선명하게 떠올랐다. 그렇게 우린 아침부터 도란도란 이야기꽃을 피우며 소중한 추억을 나눴다.

"아침밥 먹고 10시에 등산 출발할 거다. 그때까지 준비 완료, 알았지?" 할아버지가 겨울인데도 날이 따뜻하니 산에 가자고 한다. 큰딸도 산으로 오기로 했다. 손주들은 날쌘돌이처럼 산을 오른다. 그러나 얼마 오르지 않아 힘들다고 난리다. 아이들의 웃음소리가 청량한 사이다처럼 톡 쏘듯 퍼졌다. 아이들의 붉어진 볼과 숨을 헐떡이는 작은 가슴, 땀 젖은 머리카락까지 선명하게 보였다.

"성호야. 너 지금 산에 갔다 오면 한 사나흘은 장딴지와 허벅지 근육이 아프고 힘들 거야. 그래도 며칠 후엔 할머니 할아버지랑 함께했던 등산이 뿌듯할걸?" 앞서거니 뒤서거니 하다 보니 정상이 저만치 보였다. 겨울 산이라 조심스러웠지만, 손주들과 오랜만에 등산하니 가슴이 확 트이고 하늘은 유난히 맑고 청량해 보였다.

"아유! 힘들어." 우리는 아무 데나 털썩 주저앉아 숨을 고르고 있었다. 하지만 성규는 형이 편히 누워 있는 의자에 제대로 앉지도 못하고 불편한 돌에서 쉬고 있다. 그 모습이 어찌나 우습던지 깔깔거렸다. 둘째 손자 성규는 뭐든지 1등 하고 싶은 욕심이 많은 아이다.

"하하! 우리 성규는 1등 해야 해서 돌 위에 불편하게 앉았구나! 성규야 1등이 얼마나 힘든지 아니?"

"왜요? 나는 1등이 참 쉽던데요."

"1등을 넘보는 사람들이 되게 많잖아. 1등은 하는 것보다 지키기가 더 힘든 거야!"

우리는 손주들 놀리는 맛에 기분이 한껏 들떴다.

그때 할아버지는 말했다. "나는 꼴찌다. 꼴찌라도 좋다. 헉헉, 그래도 나는 포기하지 않아! 포기하지 않으면 언젠가는 1등도 할 수 있는 거야."

얼마 후 성규는 볼멘소리로 물었다.

"할머니, 할아버지는 왜 이렇게 늦어요? 할아버지가 먼저 등산하자고 했는데 왜 이렇게 늦는 거예요?"

"할아버지는 허리가 아프잖아. 다리도 아프고 나이가 드니 마음은 청춘인데 몸이 말을 안 듣네! 게다가 이 산은 할머니, 할아버지같이 나이 든 사람에게는 좀 높고 가파르다. 그래서 할아버지가 제일 꼴찌야."

어느새 뒤처진 할아버지가 성규 앞을 탁 막아서며 말했다.

"하, 나 1등 했다! 사람이 포기하지 않으면 언젠가 1등도 하는 거야. 1등은 항상 주변 사람을 경계해야 해서 마음이 초조하지."

"나는 1등 하는 것이 쉽고 편한 줄 알았어요."

"1등 하기 위해서는 항상 생각도 빠르게, 동작도 민첩하게 해야 하므로 피곤해. 그냥 천천히 가자. 그래야 나뭇가지에 있는 새 둥지도 보고, 파란 하늘에 떠 있는 구름도 보고, 정말 멋있잖니! 새해 첫날 이렇게 가족들과 등산하는 거 굉장히 좋은 일이야."

얼마 후, 할아버지는 "하아, 우리 성규가 1등이다. 대단한데! 성규야. 1등 그까짓 것 형한테, 동생한테 넘겨줘도 괜찮아!"라며 환하게 웃는다. 성규는 즙이 팡팡 쏟아지는 사과 한 입을 얼른 베어 물었다. 그리고 또 1등 자리를 놓치지 않으려 멀리 떨어진 돌에 불편하게 앉았다.

오래전부터 할아버지는 손주들을 데리고 이 산을 오르고 싶어 했다. 높은 곳에서 도시 전체를 내려다보며 감탄하는 모습을 지켜보고 싶어 했다. 다정한 말과 눈빛으로 손주들에게 전하고 싶은 이야기가 있는 듯했다. 산 아래에 다양한 사람들이 살고 있다는 것을 보여 주고 싶어 했던 할아버지의 꿈이 드디어 이루어졌다.

그러나 어른이 보여주고 싶은 세계를 아이들이 어떻게 받아들일지는 알 수 없다. 어른들의 생각을 심어주고 싶지만, 아이들의 감성과 시선은 달라서 느끼지 못할 수도 있다. 언제나 복잡하고 분주한 도시지만, 높은 곳에서, 멀리 바라보면 잔잔하고 평화롭게 보인다. 새해 첫날, 할머니 할아버지가 힘든 몸을 이끌고 손주들과 등반을 한 이유다. 등산을 끝내고 나니 배가 고팠다. 우리는 룰루랄라 콧노래를 부르며 음식점으로 힘찬 발걸음을 내디뎠다. 힘든 산행 뒤의 밥맛은 꿀맛이었다.

땡큐 소비 쿠폰, 피아노 배우니 참 좋다

♪

　이번 민생회복 소비쿠폰이 얼마씩 나오는지 연일 방송에서 화제가 되고 있다.
　"여보, 이번 7월에 민생회복 소비쿠폰 나온다는데, 첫 번째로 뭐하고 싶어?"
　"글쎄, 소고기 사 먹을까?"
　"그래? 나는 계획이 있어. 오래전부터 배우고 싶었던 피아노 수강료로 쓸 거야. 이번에 나오는 쿠폰으로도 결제할 수 있대." 그동안 남편 카드를 쓰는 게 미안해서, '그 나이에 무슨 악기를 배운다고 주책이야?'라는 타인의 시선이 두려워 주저주저했던 나였다.
　하지만 지금 나는 60대 할머니로 복지관에서 피아노를 배우고 있다. 오래전, 일본 작가 이나가키 에미코의 『피아노 치는 할머니가 될래』를 읽고 '나도 저렇게 피아노 치며 노년을 아름답게 살고 싶다'는 생각이 들었다. 그녀는 인생 후반전에 만난 피아노를 직접 연주하면서 느끼는 감정과 사유를 담담히 그려내듯 썼다. 그녀의 글은 내 마음에도 깊은 울림을 주었다.

나는 결혼 전, 체르니와 재즈 피아노를 조금 배웠고, 큰딸을 출산한 당일까지 피아노 학원에 다녔다. 잘하지는 못했지만, 피아노를 배우고 싶다는 열망은 항상 품고 있었다.

몇 년 전, 피아노 선생님이 딸 집에 와서 손자 레슨을 하고 있었다. 그때도 선생님께 수업을 받을까 고민했지만, 비용과 시간적인 면에서 나한테는 어울리지 않다고 생각해 포기했다. 대신 손자가 피아노 레슨을 받을 때, 안방에서 디즈니 OST 악보를 펴놓고 귀를 쫑긋 세우고 설명을 듣거나 일하는 척 거실을 오가며 슬쩍슬쩍 청강하곤 했다. 손자가 알려 주는 몇 마디는 작은 행복이었다. 하지만 정확히 음표의 길이도 모르고 엉성하게 치는 나를 보며, '언젠가 정식으로 피아노 수업을 받아야겠다.'라는 생각이 늘 남았다.

가까운 복지관에서도 피아노를 배울 수 있다는 정보를 듣고 여러 번 전화했지만, 자리가 없었다. 그러나 포기하지 않고 지난 3년간 생각날 때마다 복지관에 수시로 전화했다. 그러다 올해 초, 오전에 성인 피아노 교실이 개설되었다는 소식을 듣고 가슴이 콩닥거렸다.

'드디어 내가 진심으로 하고 싶은 일을 할 수 있다니!' 자리가 없어질까 봐 조바심에 여러 번 복지관에 확인하고 한걸음에 달려가 등록까지 하고 싶었다. 하지만 한 달에 8만 원이라는 수강료가 나 같은 할머니에게는 꽤 큰 돈이었다. 결국 남편 카드로 수강료를 내야 하는데 주저주저하며 차일피일 미루게 되었던 것. 그런데 하늘이 도왔다. 이번 민생회복 소비쿠폰이 내 손에 들어왔다. '이 쿠폰으로 두 달 수강료는 낼 수 있겠는데.' 남편 눈치 보며 카드를 긁어야 하는데, 이제는 배짱이 생겼다. '일단 저질러 보자. 시작하면 뭐든 길이 열리겠지!'

사실 이 쿠폰은 움츠러드는 시장 경제를 살리기 위해서 푼 것이니, 아이들 학원비나 생활필수품을 사는 데 사용해야만 경제가 더욱 잘 돌아갈 것이다. 그러나 나처럼 배움에 목말라하던 이들에게도 충분히 의미가 있지 않을까?

첫날, 복지관 메인 홀에 있는 반짝이는 그랜드 피아노와 열 개가 넘는 연습실을 보고 깜짝 놀랐다. 이런 호사스러운 문화 혜택을 근처 복지관에서 누릴 수 있다니!

꾸준히 무언가를 배우는 일은 인지 능력과 동작 능력은 물론 감정을 교류하는 데도 도움이 된다. 특히 또래들과 좋은 프로그램을 함께하는 것은 효과가 더욱 크다. 이번 소비 쿠폰으로 복지관에서 진행되는 다른 수강 과목도 결제할 수 있으니, 배우고 싶은 분들께 꼭 권하고 싶다.

내가 다니는 복지관 성인 피아노 교실에는 내 또래 노년 남성과 육아 휴직한 아빠도 연습하는 것을 보고 깜짝 놀랐다. 아주 다양한 사람들이 각자의 이유로 피아노를 배우고 있는 것을 보며 '배움은 끝이 없구나!' 감탄했다. 나같이 배움에 호기심이 많은 사람은 일단 도전해 보면 좋겠다. 생각지도 못한 곳에서 또 다른 세계가 열릴 수도 있을 테니까….

나는 부지런한 편이라 피아노 교실에 일찍 도착하면 메인 홀에 있는 그랜드 피아노에서 연습한다. 다른 수강생이 오면 슬금슬금 작은 연습실로 옮긴다. 그런데 올여름 휴가철에는 홀을 혼자 쓰기도 했다. 찜통더위 속 시원한 에어컨 밑에서 마치 우리 집 안방처럼 넓은 공간을 혼자 차지했다. 누구 눈치도 보지 않고 피아노 치며 노래도 크게 불렀다.

손가락이 건반 위를 오르내리고 내 목소리가 높은 천장에 부딪혔다. 그때 울컥하니 마음속 깊이 묻어 두었던 감정이 툭 터져 나오고 온갖 상념이 머릿속을 스쳤다. 어깨를 들썩이며 한참 울고 나니, 열기 빠진 바람이 모시 적삼에 스치듯 우울함이 씻은 듯 사라졌다.

나는 단순히 연주만 하는 것보다 피아노 치며 노래 부르는 것을 더 좋아한다. 손자가 쓰던 디즈니 피아노 교본을 가져와 '미녀와 야수', '알라딘' OST를 연습하고 영어 가사를 옮겨 적으며 외웠다. 정말 짜릿하고 뭔가 해내고 있다는 성취감과 자부심으로 굉장히 기분이 들떴다.

악보와 가사를 외우며 손가락을 움직이는 연습은 정서적으로 안정되고 마음도 뇌도 활짝 깨어나는 듯하다.

  현재 우리나라 인구의 20%가 노인층이다. 그들이 건강하게 생활하는 것은 경제적, 정신적, 심리적인 면에서 아주 중요하다. 그래서 국가도 촉각을 세우고 다양한 정책을 펼쳐나가고 있지 않은가? 특히 나이든 어른들이 피아노 또는 손가락 피아노라는 칼림바 같은 악기를 배우면 좋겠다. 정신적인 근육도 생기고 손가락 운동에 집중하면, 우리 세대가 가장 무서워하는 치매 예방에도 큰 도움이 될 것 같다.

  어르신들도 머리와 몸을 움직여 자식 세대에게 근심 걱정 끼치지 말고, 스스로 자립해서 활기차고 건강하게 장수하는 삶을 누렸으면 한다.

  이렇게 민생회복 소비쿠폰은 단순한 지원금이 아니라, 내가 오랫동안 품어온 취미 생활을 시작하게 만든 '마중물'이 되었다.

  나는 60대이지만 피아노 앞에 앉으면 여전히 '배우는 사람'이다.

3부 부록

황혼 육아, 지금 시작하는 당신에게

1. 허리와 무릎을 지키는 유모차 사용법

돌이 지나 걸어 다니는 아이들 유모차에 태울 때, 덥석 들어서 안아 태우지 마세요. 계속하다 보면 허리 무릎 금방 망가져요. 생각을 조금만 바꾸면 아이가 스스로 타도록 도울 수 있어요. 저는 먼저 유모차를 내 왼쪽 허리 쪽에 단단히 끌어당겨 왼손으로 붙잡습니다. 왼쪽 발로 뒷바퀴를 자물쇠처럼 걸어 잠가 굴러가지 않도록 중심을 잡아요. 손주가 발판을 밟을 때, 오른손으로 엉덩이를 살짝 밀어줍니다. 아이는 스스로 돌아앉아 편하게 자리를 잡으니 신기해요. 물론 유모차 잠금장치를 사용해도 도움이 됩니다.

2. 아이가 안아달라고 할 때 현명한 대응법

아동들도 어떤 메시지를 계속 말해 주면 잘 알아듣고 기억해요. 저는 손주가 업어주거나 안아달라고 할 때, 아이 손잡고 집에서는 소파로, 놀이터에서는 벤치로 함께 갑니다. 나는 앉아 있고 손주는 서 있는 상태로 들지 않고 꼭 안아 주며 "사랑해. 아주 많이 사랑해!" 귀에 대고 속삭여요. 할머니가 업어주고 싶지만, 할머니의 다리와 허리가 아프면 너희 만나러 올 수 없다고 여러 번 말해 줘서 인식시켜요. 양육자의 몸을 다치지 않도록 육아하는 게 가장 중요한 핵심이에요.

3. 일춘기, 아이를 위한 감정 대화 노하우

아이들이 떼쓰고 우는 시기가 간간이 찾아와요. 그럴 때 유튜브에 키워드를 '떼쓰는 아이'라고 치면 여러 동영상이 떠요. 그중에서 제 상황에 맞는 것을 찾아서 따라 하며 딸과 사위와도 공유합니다. 특히 16~30개월 사이, 일춘기일 때 막무가내로 떼를 씁니다. 그때 양육자가 먼저 흥분하거나 화내지 말고, 동영상에서 육아 전문가가 하라는 말투와 행동 하나하나 그대로 따라 했어요. 그랬더니 진정되고 정말로 떼쓰는 횟수가 줄었어요. 결국 손주 돌봄도 아는 것이 힘, 공부해야 해요. 지역 상담소나 육아 센터에서 상담을 받으면 좋은 의견과 방법도 배우고 위로의 시간이 돼요. 육아 센터에서 하는 조부모 교육 강연도 듣고 상담도 받으며 손주들이 성장 단계마다 일어나는 상황과 육아 정보도 알게 되어 도움이 컸어요.

4. 태블릿에 빠진 아이, 간섭 없이 다가가는 팁

그럴 땐 굳이 제재하지 않고, 저는 손자 옆에서 다른 일에 집중합니다. 책을 읽거나 글을 쓰거나 필요한 정보를 찾으며 같은 공간에 머물러 있지요. 물론 제 온 신경은 아이한테 쏠려 있지요. 그러나 할머니가 다른 것에 몰입하는 모습을 보여주며 아이와 어른이 한 공간에서 편안한 거리를 두고 각자 다른 일에 집중하는 모습! 그 자체가 좋은 본보기가 된다고 믿습니다.

4부

환대

모두를 위한
판을 깔아주는 품

유준이의 꿈

♪

귀요미 초딩 누나! 오늘도 선생님이에요.
가방을 내려놓자마자 수업 준비로 바쁘답니다.
커다란 하트 모양 활동지도, 스티커 북도 뚝딱뚝딱!

"오늘은 꿈에 대한 수업이에요.
진짜 꿈속에서 아이돌을 봤다든지
아니면 커서, 하고 싶은 것 생각하고 그려 보세요!"

[3]어른 학생은 손을 번쩍 들고 말했어요.

---

3 여기서 어른 학생은 할머니예요. 귀요미 초딩 1학년 누나 선생님 애제자랍니다.

"선생님, 저는요. 첫 번째로 작가가 되고 싶고요.
두 번째로는 피아노 치며 노래 부르는 사람이요.
그런데 그림을 못 그려요. 피아노 좀 그려 주세요"

선생님은 금세 검은 건반, 흰 건반을 착착 그려 주었죠.
"우와, 진짜 피아노네요!"

한편, 동생 학생, 유준은 말없이 가만히 앉아 있어요.
"유준아, 커서 뭐 되고 싶어?"
"아빠."
"아빠 말고는?"
"엄마."
"엄마 말고는?"
"할머니."
"할머니 말고는~?"
"할아버지."

모두 웃음이 터졌지만, 할머니는 마음이 찡했어요.
처음으로 나온 '아빠'라는 말에 가슴이 따뜻해졌거든요.

옆에서 어른 학생은 한마디

"너 야구선수 되고 싶어?"

유준이 눈이 번쩍 "응! 나 키움팀 야구선수 될래!"

꿈은 매일 바뀌어도 괜찮아요.

사랑이 담겨 있다면 그건 이미 멋진 꿈이니까요.

오늘은 꿈에 대한 수업이에요.

아빠의 방식으로 사랑하기
딸의 길, 아빠의 수신호

♪

"4월은 잔인한 달"이라고 T.S. 엘리엇은 말했다. 나에게도 그해 4월은 참으로 잔인한 달이었다. 딸이 임용 시험에 합격하고 첫 발령지가 안산이었다. 광명에서 안산은 같은 경기도라 가까워 보이지만 목적지까지 대중교통으로 다니기에는 버거운 거리였다. 딸은 네 번 환승에 하루 종일 초등생 가르치는데 얼이 빠져 초주검이 되어 돌아왔다. 이런 생활도 곧 적응이야 하겠지만 자가운전의 필요성을 절실히 느꼈다. 고민 끝에 중고차 거래소에서 주차 부담이 덜한 소형차를 샀다. 세 식구가 모두 바빠 제대로 운전 연수를 시켜주진 못했다. 나는 수업하느라 시간 내기도 힘들었고, 운전도 시원찮아서 아침마다 학교까지 데려다줄 용기도 없었다. 우리 부부의 말다툼은 항상 아이들 문제였다. 성격이 급한 나는 아이들이 원하지 않고 필요하다고 요구하지 않아도,

무조건 해 주고 싶은 어미 마음으로 살았다. 남편은 이런 나에게 "아이들은 부모의 빈틈에서 자란다."라며 늘 못마땅해했다. 이런 부모 사이에서 두 딸은 좌불안석하며 한마디씩 했다.

"아빠는 지나치게 이성적이고 합리적이며, 엄마는 지나치게 감성적이야!"

남편은 시간이 있어도 배우려는 딸들의 자세가 절실하지 않으면, 시도조차 하지 않고 손잡아 주는 걸 꺼렸다. 스위트한 대디가 되는 걸 약간 꼴불견으로 생각했다. 우리 부부 성향이 조금씩만 양보하고 잘 버무려졌으면 좋으련만…. 성질 급한 나는 항상 맘 졸이고 빈정 상하다가 상처받곤 했다. 나는 한국의 대부분 부모처럼 고3 시절 아침저녁으로 학교나 학원에 딸들을 데려다주는 데 정성을 들이고 싶었다.

그럼에도 불구하고 남편은 공부하는 학생은 대중교통으로 다녀야만 허벅지와 장딴지 근육이 생기고 체력이 길러진다고 강하게 말했다. 그럴 땐 어미가 해 줄 수 있는 게 없어 안타깝고 가슴이 답답했다. '어떻게 아빠가 그런 것도 안 해 주나.'라는 원망이 일었다. 결과만 보면 남편의 말이 맞을 때도 있었다. 그때 겁 많은 내가 벌벌 떨면서 운전 연수를 받은 것도 자립할 좋은 기회가 되었다.

큰딸은 차는 준비되었지만, 용기를 못 내고 거의 보름간 오며 가며 차를 바라보기만 했다. 안산까지 상당히 먼 거리에다가 어찌나 길치든지! 남편은 상당히 고지식했다. 편하기만 한 내비게이션도 아직은 살 때가 아니라고 꿈쩍도 하지 않으니 복장이 터졌다. 준비도 없이 내비게이션 보다가 사고 난다며 그냥 운전하라고 했다.

딸은 벌벌 떨고, 지켜보는 어미는 애간장이 탔다. 하지만 과정 하나하나를 건너뛸 수도 없고 헤쳐 나가야만 하는 상황들! 남편은 몇 차례 동승해서 학교에 갈 때는 딸이 운전하고, 올 때는 아빠가 끌고 오며 도와주기도 했다. 하지만 딸은 여전히 자신 없고 무섭다며 울상이었다.

어느 토요일, 그때는 토요일에도 오전 수업이 있던 시절이었다. 딸이 드디어 홀로서기를 하는 날이었다. 나는 여느 때처럼 딸 차에 동승하는 줄 알았다. 남편은 갑자기 우리 차에 타라고 눈짓을 했다. 무슨 일인가 어리둥절해하는데 딸에게 먼저 출발하란다. 남편과 나는 우리 차에 타고 뒤에서 쫓아갔다. 딸은 지금까지와는 달리 혼자서 자기 판단하에 차를 운전하고 학교까지 가야 하는 시험대에 올랐다. 모를 것 같은 길은 아빠가 앞서다가 알 만한 길은 딸내미를 앞세우며 긴박한 수신호를 주고받는 경찰들처럼 헤쳐 나갔다.

딸이 어느 정도 운전을 하는 것 같아 내 마음도 편해졌다. 어느 삼거리에서 남편은 빠이빠이 하며 전혀 다른 길로 운전대를 틀었다. 마치 아빠 사자가 새끼 사자를 길들일 때 높은 벼랑 끝까지 데리고 올라가 무조건 떼어 놓고 밀쳐 버리듯, 딸을 홀로 세상에 내보낸 순간이었다.

마치 전쟁터에 딸내미를 홀로 보낸 듯 조마조마한 마음, 어느 첩보 영화보다 더 긴박했고, 내 심장이 쿵쾅거리는 소리가 내 귀까지 들리는 듯했다.

"이렇게 떨쳐버려야지 언제까지 질질 끌려다닐 거야. 이젠 저도 살길 스스로 찾아가겠지!" 너무 염려가 되어 눈물까지 흘렸던 나와는 반대로 남편은 호탕하게 웃고 콧노래를 흥얼거리며 바닷가로 향했다.

이렇게 딸은 홀로서기를 할 수 있었다. 이건 아빠만이 해 줄 수 있는 독특한 방법, 살 떨리는 부성애가 눈부셨다. 내 방식으로 했다면 아마도 한 두어 달은 족히 걸렸을 것이다. 계속 소심하게 시작해서 소심하게 끌고 다니게 했을 텐데…. 많은 부분에 딸이 감사하며 혼자서 운전하고 다녔다.

홀로서기 한 며칠 후 딸이 말했다. "아빠는 사람에게 꼭 해내고 말겠다는 독기를 품게 해서 나에게 꼭 필요한 사람이야. 엄마는 느슨하게 못 하는 사람 마음을 헤아려 줘서 시도라도 해 보고 싶게 하는 힘이 느껴져. 결국 엄마, 아빠 둘 다 꼭 필요한 존재야." 우리는 그 말에 한바탕 웃었다. 딸에게 부모는 서로 다른 방식으로 힘이 되는 존재였다.

그런 딸이 벌써 교직 16년 차, 세 아이 엄마로 한 가정의 훌륭한 항해사로 꿋꿋이 자기 자리를 지켜내고 있다. 바쁜 삶 속에서도 부모 마음 알아주고, 가끔 별식을 만들었다며 초대도 한다. 삼시 세끼 챙기기도 버거운 생활 속에서, 사랑하는 사람들과 맛있는 음식을 나눠 먹으며 다정한 말을 주고받는다. 이런 평범한 일상이 부모에게는 큰 행복이다.

  부모만 사랑을 줘야 한다고 생각했는데, 이젠 부모를 챙겨주려는 마음이 벌써 생기다니! 자식이든 부모든 서로 다른 방식의 사랑이 있음을 이해하고, 그 안에서 성장과 감사가 흐른다는 것을 느낀다. 때로는 밀어 주고, 때로는 손잡아 주는 순간들이 삶을 풍요롭게 한다는 사실! 서로 다른 사랑이 모여 사람을 키우고, 결국 세상을 아름답게 만들어 간다.

간식 보따리 속에 담긴 사랑

♪

"아이 하나를 키우기 위해서는 온 마을이 필요하다."라는 아프리카 속담이 있다. 요즘 이 말을 실감하며 산다. 딸 집 바로 앞에는 작은 놀이터가 있다. 적당한 그늘 선선한 바람, 놀이기구 그리고 육아 동지들의 보살핌이 있는 곳! 세 살 손자가 어린이집에서 하원할 때 그런 유혹을 사심 없이 지나쳐 오기는 힘들다. 때때로 그곳에 아이들이 하나도 없을 때가 있다. 그럴 땐 손자도 수월하게 집으로 향한다. 집에 와서도 가끔 베란다 너머로 노는 아이들이 있는지 확인한다. "하무니, 저기 앞집 누나 있다." 하며 나가자고 내 손을 끌어당긴다.

이 조그마한 놀이터는 학교 같다. 다양한 나이대의 아이들이 들고난다. 오후 3시쯤에는 중학생들이 학원 가기 전 잠깐 짬 내서 놀고 있다. 그들이 떠난 후에는 어린이집과 유치원에 다니는 원생들이 하원하는 시간이다. 그때부터 유아들이 구름떼처럼 몰려든다. 어느 여름에는 이 조그만 놀이터에 너무 많은 아이가 있었다. 그 열기로 폭발할 것 같아 내 가슴이 콩닥콩닥 뛰었던 적도 있었다. 그때 한 엄마는 외쳤다. "와, 여기가 에버랜드보다 사람이 더 많아요." 물론 같은 아파트 단지에 서너 개의 놀이터가 더 있다. 그런데 그곳은 햇볕이 너무 강해서 놀기가 어렵다. 하지만 이 작은 놀이터는 종일 적당한 그늘과 바람이 불어서 보호자들은 자녀들을 데리고 이곳으로 몰려든다.

그다음에는 학원에서 돌아오는 초등학생들이 함께 뒤엉켜 논다. 그럴 땐 내 신경이 바짝 곤두선다. 큰 학생들이 노는 데 너무 심취해서 내 귀한 손주들이 다칠까 봐 나도 모르게 눈이 희번덕거려진다. 물론 그곳에는 다른 자녀들의 보호자도 있다. 하지만 안전이 제일 중요하기 때문에 내 아이, 네 아이 할 것 없이 서로 눈여겨봐 주고 순간적으로 어려움이 생길 땐 즉시 해결해 준다. 어린이들을 만날 때마다 "어찌 이리 잘 생겼냐! 안 본 사이에 엄청나게 예뻐지고 키도 많이 컸네." 격려와 칭찬의 말을 끊임없이 해 준다. 그런 말 한마디는 애들이 커가는 데 귀한 영양제가 될 것이다. 혈관을 타고 온몸을 돌아 건강하고 행복한 어린이로 자라는 데 큰 역할을 할 것이다.

손녀 친구 엄마는 날마다 새로운 간식거리로 우리 손주들의 몸과 마음의 허기를 달래 준다. 기껏해야 마트에서 산 과자 봉지 들고 나간 할머니는 부끄러워 내민 손을 슬그머니 뒤로 감춘다. 그녀의 퀄리티 높은 별식으로 우리 손주들의 눈이 왕방울만 하게 커지고 호기심과 기대감으로 반짝인다. 처음에 손자는 그녀의 맛 좋은 간식과 따뜻한 보살핌이 고마웠는지 등원 때마다 그 엄마 품에 덥석 안겨 주위 사람들과 사위를 당황하게 했다고 한다. 아무리 준비해 가도 영양 면 다양성 면에서 그녀의 먹거리를 넘어설 수 없어서 매번 놀란다.

  우리 손주들은 하원 때마다 그 엄마 어깨에서 달랑거리는 간식 보따리에 먼저 눈길이 간다. 그것은 손주들의 우상이고 희망 꾸러미다. 나도 신경 써서 챙겨가지만, 그녀의 먹거리는 절대적이다. 다코야키, 레몬 빵, 수박, 에어프라이어로 만든 딱 한입 크기의 깔끔하고 담백한 맛의 고구마 과자까지…. 놀이터 벤치에 앉자마자 아이들은 가방이 풀리기를 간절한 눈빛으로 기다리며 침을 꼴깍 삼키기도 한다.

  음식을 나눠 먹는 것은 큰 즐거움이다. 특히 놀 때 예기치 않은 사람이 슬쩍 입속에 넣어주는 맛은 잊을 수 없을 것이다. 무엇인가를 나누어 먹은 기억은 세월이 지나도 잊지 못하고 그 사람을 소환한다. 매번 내가 준비해 간 주전부리는 풀어 보지도 못하고 가지고 오는 날이 많다. 그녀는 내가 손자를 따라다니는 동안 그네 밀어 주기, 엉킨 줄넘기 풀어 주기 등 우리 손녀가 원하는 것까지 해결해 주는 정말 고마운 육아 동지다.

우리 손녀는 눈물이 많다. 자기 말이 통하지 않거나, 할머니나 동생이 자기 말에 집중하지 않을 땐 잘 운다. 눈물 많은 손녀를 꼭 안아 주는 또 다른 엄마가 있다. 그녀는 손녀를 따뜻한 품으로 보듬으며 귓속말로 "뭐가 억울해서 울어? 누가 힘들게 했어?"라며 묻고 해결책도 알려 준다. 다른 애들 몰래 달콤한 젤리나 비스킷을 손에 쥐여 준다. 손녀는 너무 포근해서인지 그 엄마의 품을 좀처럼 벗어나려 하지 않고 오랫동안 안겨 있다.

그녀는 주말에 놀이터에서 우리 딸을 만나면 할머니가 항상 웃는 얼굴로 손주들과 소통한다고 전해 준다. 직접 공도 차주고 비눗방울 놀이도 해 주고 위험한 놀이기구 탈 때도 꼭 지켜본다고…. 그렇게 잘 놀아 주는 할머니는 많지 않다고 적극적으로 대변해 준다.

물론 모든 보호자가 누구한테 보여 주기 위해서 아이를 돌보는 것은 아니다. 안전이 제일 중요하니까, 나도 모험심이 강한 세 살 손자를 밀착 방어한다. 높은 미끄럼틀을 거꾸로 올라가는 것은 상당한 팔 힘이 필요하다. 그런 모험을 서슴없이 하고 싶어 하는 손자를 말릴 수도 없고 말려서도 안 된다는 것을 잘 안다. 그래도 만약을 대비해 등 뒤에서 손만 대고 힘내라고 응원을 퍼붓는다. 어리지만 혼자 그런 모험을 스스럼없이 하는 아이를 보면 자랑스러워 어깨가 절로 펴진다.

이렇게 할머니의 손주 돌봄이 자식에게 조금이라도 도움이 된다면 그것보다 더 귀한 것은 없을 것이다. 아이를 돌볼 때는 안전이 무엇보다 중요하기에, 그저 졸졸 따라다니며 그들이 하는 놀이에 진심으로 반응한다. 손주들을 진심으로 돌봐 주지 않으면 가장 먼저 남이 알고, 손주가 알고, 나는 제일 나중에 알게 된다.

육아 동지들의 값진 말 한마디는 반향으로 내게 돌아온다. 딸과 사위는 하원 후에 남매가 놀이터에서 노는 모습을 직접 볼 수 없다. 이웃 사람들이 관찰하고 지켜본 상황을 전해 준다.

그래서인지 요즘 딸이 달라졌다. "엄마 제가 반일 휴가 낼 테니까 언제가 괜찮으세요? 요즘 날씨가 좋으니, 엄마가 좋아하시는 골프 라운딩 다녀오세요." 톡이 왔다. 엄마 마음 알아주고 챙겨 주는 딸이 고맙다. 아침마다 두 아이 등원시키느라 진땀 빼는 사위도 고맙다. 사실 나는 사위보다 육아 동지들과 더 자주 만나고 더 많은 시간을 함께 보낸다. 달콤한 나의 휴가도 모두 그분들 덕이다.

육아 동지들은 각자 챙겨 온 간식을 나누며 웃음꽃 핀 얼굴로 귀한 마음과 정을 쌓는다. 깊은 말은 오가지 못하고 눈인사로 대신하지만, 그들의 고마움을 온몸으로 느끼며 산다. 주말에 텃밭에서 따온 상추와 쑥갓 등 채소를 조금씩 담아 두었다. 예쁜 꽃무늬 양말 몇 켤레도 준비했다. 다음에 만날 때, 젊은 엄마들에게 내 마음을 전하고 싶다.

파란 하늘, 하얀 달, 작은 눈망울

♪

유치원 버스에서 내려 집으로 가는 길이었다. 늦가을의 공기는 서늘하고 햇살은 낮게 깔려 있었다. 손녀 가방에 매달린 작은 인형이 살랑살랑 흔들렸다.

"와, 달이다."

"어디?"

"할머니? 저기 하늘에 하얀 달이 떴어."

"그러네! 밝은 대낮, 파란 하늘에 뜬 하얀 달이 예쁘다. 그렇지? 밤에 나온 달이 왜 돌아가지 못하고 낮에도 하늘에 떠 있을까?"

세 살 손자도 달을 쳐다보라고 얼른 고개를 올려주지만, 자꾸 아래만 내려다본다. 다시 손자의 머리를 올려줬다. 그때야 손자의 눈에 달이 들어온 것 같았다.

"달은 밤에는 노랗게 보이는데 왜 낮엔 하얗게 보이지? 분명히 무슨 이유가 있을 텐데…."

"할머니? 달은 원래 낮에도 노란데 밝아서 하얗게 보여."

"유정아, 혹시 책에서 봤어?"

"아니, 내가 혼자 그렇게 생각했어."

"유정아, 그 말 묘하게 설득력 있다."

"할머니, 그런데 설득력이 뭐예요?"

"모르는 것도 누가 잘 설명해 주면 알게 되는 거야."

질문이 엉뚱하지만 귀여워서 웃음이 났다. 우리는 놀이터에서 놀다가 집에 돌아와서도 베란다 너머로 달을 찾았다.

"할머니, 달이 안 보여?"

"달, 달, 저~기?"

세 살 손자가 소리치며 밖을 내다본다. 베란다 창 너머로 달이 희뿌연 하니 잘 보이지 않았다. 남매는 김이 서린 유리창에 손바닥을 대며 달이 어디만큼 갔는지 확인했다.

"달이 더 높이, 더 멀리 움직여서 이젠 우리 정수리에 있어. 애들아, 여기가 정수리야. 할머니 정수리 만져 볼래?" 할머니는 웃으며 물었다.

"할머니, 느낌이 이상해." 손주들은 까르르 웃으며 조심조심 만지다가 저만치 도망친다.

"할머니, 저건 하현달이지?"

"글쎄, 무슨 달이지? 상현달인가? 하현달인가? 나도 궁금한데."

그런데 그날은 1년 중 밤이 가장 긴 동지였다. 아침에 들고 간 동지 팥죽을 손주들은 맛있게 먹었다.

"유정아? 오늘이 동지니, 하현달이 맞네."

"어떻게 알았어?"

"아빠와 달 공부를 한 적이 있어."

손녀는 보름달, 하현달, 그믐달을 종이에 그린다.

"할머니, 보름달은 15일에 뜨죠? 그러면 하현달은 언제 떠? 얼른 인터넷으로 찾아봐."

나는 손녀의 호기심이 사라지기 전에 얼른 검색했다.

"하현달은 음력으로 22일이네. 상현달은 8일, 초승달은 2~3일에 뜬대."

하지만 손녀는 더 이상 할머니의 설명을 듣고 싶지 않은 표정이다.

"우리 유정이는 어릴 때도 하늘을 자주 올려다보며 자연 관찰을 잘했었는데. 지금도 똑같네. 아주 좋은 습관이고 좋은 태도야! 지나가는 구름을 보고 하얀 양털 모습 같다고 조잘거렸지. 하얀 연기 내뿜고 잽싸게 날아가는 비행기도 봤었지. 장마 끝나고 무지개도 자주 봤잖아! 운 좋을 땐 쌍무지개도 봤었지!" 자연을 관찰하는 자세가 좋다며 손녀 등을 토닥여 주었다. "할머니 기분이 좋아요. 솜사탕처럼 부웅 떠다니는 것 같아요."

발음도 서툰 세 살 손자는, 오늘도 하늘을 올려다보며 외친다. "구름, 구름빵, 새, 나무, 비행기."

"모든 아이는 예술가다. 문제는 우리가 어른이 된 후 어떻게 예술가로 남을 것인가?"라고 피카소는 말했다. 아이들은 원래 하늘을 자주 올려다보는 걸까? 어른들은 전진만 할 뿐, 눈을 돌려 위를 보거나 멈추어 자세히 들여다보지 않는 듯한데. 나도 언제부턴가 하늘을 올려다본 기억이 거의 없다. 뭐가 그리 바쁜지! 내 시야에 적당히 평온하게 펼쳐진 것도 제대로 보지 못하고 놓치며 살아간다.

아이들은 오늘도 그네를 타며 머리를 뒤로 힘껏 젖혀 하늘을 본다.

"할머니 아파트가 거꾸로 보여. 나무도 미끄럼틀도 거꾸로 보여. 그런데 하늘은 똑같은데. 하하하."

손자는 아예 미끄럼틀 위에 세상에서 가장 편한 자세로 누워 "하늘, 구름, 새가 날아가."라며 열심히 조잘거린다. 그 옆에 손녀도 나란히 눕는다. 그런 남매 모습이 재밌기도 하고 부럽기도 하다. 손주들과 분주하게 생활하면서도 나도 아이들 따라 틈틈이 고개를 들어 푸른 하늘을 올려다본다. 구름은 느릿느릿 흘러가고 그사이를 새 한 마리가 푸드둥 힘차게 날아간다. 길가에 핀 꽃들에도 눈길을 준다.

사랑과 존중을 요리하는 아빠

♪

손녀가 여섯 살 유치원 다닐 때 그린 그림

아빠가 요리하는 모습을 바라보는 아이들! 엄마의 요리는 언제나 당연한 것처럼 느껴졌지만, 아빠의 음식은 특별한 날의 선물처럼 느껴지나? 어느 날 손녀는 아빠가 요리하는 광경을 그려 식탁 위에 붙여 놓았다. "어른이 내가 좋아하는 것을 만들어 주었어요. 아빠가 과일샐러드랑 꼴뚜기를 만들어 주었어요." 그렇다면 매일 밥과 반찬을 챙겨 주는 엄마는 '어른'이 아니라는 건가? 친구처럼 느껴지는 걸까? 아니면 그냥 '엄마'일지도 모르지!

사전에서 '어른'의 의미를 찾아봤다.
1. 다 자란 사람. 다 자라서 자기 일에 책임을 질 줄 아는 사람.
2. 나이나 지위나 항렬이 높은 윗사람.
3. 결혼한 사람.

손녀에게 '어른'은 어떤 의미일까? 아마도 아빠가 주방에서 요리하는 모습이 엄마와 전혀 다르게 느껴졌던 모양이다. 요즘 아빠가 요리하는 모습을 직접 보고 냄새 맡고 맛을 상상하며 잔뜩 기대에 찬 얼굴로 기다리는 손주들 모습이 앙증맞아 보인다.

어느 날, 사위는 달걀 두 개를 작은 그릇에 톡톡 깨 넣더니, 젓가락으로 리듬을 타듯 휘저었다. 노른자와 흰자가 고르게 섞이며 찰싹찰싹 부딪히는 소리가 주방에 퍼졌다. 지지 직하며 노릇노릇하게 구워진 식빵 위에 딸기잼을 발라 주는 사위 모습이 다정해 보였다. 퇴근길에 이미 머릿속으로 무엇을 만들어 줄지 생각하고 온 듯한 얼굴!

어느 날 내가 냉장고에서 딸기 통을 꺼내 씻어주려고 하자, 손녀는 눈이 동그래져 달려왔다. 두 팔을 벌려 앞을 가로막더니 "아빠가 과일 샐러드 만들어 줄 거야!"라며 손끝으로 내 손을 툭툭 치며 한 알도 건드리지 못하게 막는다. 그 모습이 얼마나 우습고 사랑스럽든지! 한 사람의 문화 수준은 식탁에서 나온다고한다. 그리고 아이들은 식탁에 함께 앉아 부모들의 모습을 보고 식사예절을 배운다. 아빠와의 요리 시간을 통해 사랑과 존중을 알아가는 손녀다. 이렇게 손주들이 아빠 요리에 참여하며 기다리는 모습이 내 눈에는 한 폭의 그림처럼 특별해 보였다.

우리 세대엔 이런 모습 보기가 참 어려운 풍경이었는데…. 요즘 아빠들은 많이 다르다. 손녀가 그린 그림 속 아빠의 얼굴에는 까칠한 턱수염이 하나하나 살아 있다. 얼마나 세밀하게 묘사되어 있던지! 또한 그림 속, 자기 머리에는 금빛 왕관을 쓰고, 얼굴 가득 환한 미소를 담은 모습이었다. 그 표정에는 자기가 존중받고 사랑 듬뿍 받고 있다는 상황이 여실히 드러나 있다. 그림은 단순하지만, 그 속에 담긴 의미는 깊고 풍성했다. 아빠와 딸의 마음에 오래도록 남을 소중한 순간이 오롯이 담겨 있는 그림이었다.

아침에 아이들 등원 준비를 돕는 건 사위의 역할이다. 저녁에도 일찍 귀가하면 반찬을 직접 만들어 가족과 함께 식사한다. 유튜브로 검색해서 아이들이 좋아할 만한 새로운 레시피를 찾아내는 열정도 대단하다. 어느 날, 딸은 사위가 만든 깻잎 순 볶음이 맛있다며 먹어 보라고 톡을 보냈다. 깻잎 순 볶음은 살짝 데쳐 푸릇푸릇한 색깔이 살아 있고 고소한 향이 입안에 가득 퍼졌다. 처음 사위가 요리하기 시작할 때는 서툴러 보였는데 이젠 메뉴도 다양해졌다.

오늘도 사위는 퇴근길에 삼겹살을 사 와서, "미역국이랑 삼겹살 먹을 건데 어때?" 눈을 맞추고 의견을 나누며 함께 식탁을 만든다. 그 물음에는 '너희의 의견도 소중하다.'라는 마음이 담겨 있는 듯하다. 의자를 당겨 요리하는 아빠를 지켜보는 일은 그들에게 놀이이자 기다림, 그리고 행복이다. 아이들에게 스스로 선택의 기회를 주는 아빠! 그 품속에서 아이는 칭찬을 먹고 자라며, 존중과 사랑 속에서 남을 배려할 줄 알고 자신에게도 너그러울 것이다.

사위가 요리에 도전해 보겠다고 말했을 때, 딸은 "저어도 1년은 기다려야지." 하고 웃으며 응원했다. 아마도 사위는 가족의 건강도, 행복도 자신의 힘으로 꾸려 가고 싶은 마음 아니었을까? 기다림과 응답 속에서 두 사람은 삶의 박자를 맞추며 살아간다. 그 모습이 얼마나 따스하고 환히 빛나던지!

타인의 삶을 이해하고 존중하는 태도에서 건강한 관계가 유지된다고 생각한다. 소통의 바탕에는 언제나 존중과 배려가 있다. 그것은 가족 안에서도, 세상 모든 만남과 관계에서도 필요한 덕목 아닐까? 가끔 손주 돌보는 일이 힘에 부칠 때도 있지만, 서로 아끼며 알콩달콩 살아가는 딸 내외를 보면, 그 힘듦조차 감사함으로 바뀐다.

사랑 동요제 발표회 날
손녀 유정이 할머니께 전하는 마음

♪

* 이 글은 손녀 유정의 시선에서 쓰였습니다.

오늘은 내가 기다리고 기다리던 사랑 동요제 발표회 날! 가슴이 콩닥콩닥 작은 북처럼 뛰었어요.

"엄마? 오늘 엄마 아빠가 회사에 가지 않고 저랑 같이 유치원에 가니 너무 좋아요. 엄마 아빠랑 이렇게 손잡고 유치원 갈 때가 제일 좋아요."

나는 신이 나서 폴짝폴짝 뛰었어요. 엄마 아빠 손잡고 점프하는데 발끝이 공중에 닿을 듯 부웅 떠 멀리까지 갈 때는 '하늘을 나는 기분이 이런 걸까?' 내 마음도 솜사탕처럼 폭신폭신해졌어요.

나는 사랑 동요제 발표회에서 첫 번째 순서였어요. 무대 위에 오르자 눈부신 조명이 반짝거렸고, 친구들과 부모님들이 나를 지켜보고 있었어요.

"저는 푸른 하늘 반, 황 유정입니다. 제가 부를 노래는 〈아기 염소〉입니다."

"우와, 예쁘다. 잘한다."

여기저기서 박수와 함성이 들렸어요. 순간 내 볼이 발그레 달아오르고 기분이 우쭐하니 싫지 않았어요. 노래가 끝나자 많은 사람이 손뼉을 쳐 주었어요. 특히 내가 퇴장할 때 내 발걸음에 맞춰 짝! 짝! 짝! 짝! 박수를 쳐 줄 땐, 발걸음이 저절로 가벼워지고 하늘 위를 나는 듯 기분이 최고였어요.

아빠는 〈아기 염소〉를 부른 동영상을 곧바로 할머니와 할아버지, 이모에게 보냈대요. 발표회가 끝나고 점심을 먹는데 이모한테 전화가 왔어요. "우리 유정이 첫 음도 첫 박자도 놓치지 않고 〈아기 염소〉 노래 정말 잘 부르더라!"라며 칭찬해 주었어요. 그 소리를 듣는데 내 가슴이 팔짝팔짝 뛰었어요.

   곧바로 할머니한테도 영상통화가 왔어요.

   "여보세요? 아기 염소 씨죠? 나는 아─ 기─ 염─ 소 씨 할머니예요. 아기 염소 씨를 인터뷰하려고 합니다. 아기 염소 씨! 혹시 인터뷰가 무엇인지 아시나요?"

   "네, 알아요. 선생님이 말씀해 주셨어요. 그런데 맨날 잊어버려요. 하하하."

   "어마나! 별걸 다 아는 아기 염소 씨! 아기 염소 씨는 어찌 그리 노래를 잘 부른대요. 참말로 목소리도 크고 예쁘게 부르더군요. 하하하."

   "할머니? 목소리를 크고 예쁘게 부르려면, 입 모양도 이렇게 크~게 해야 해요. 할머니 내 입 모양을 좀 보세요. 요렇게, 크~게. 저는 입 모양을 아주 아주 크게 하고 불렀어요."

   "아기 염소 씨? 많은 엄마 아빠 친구 앞에서 첫 번째로 부르는데 떨리지 않았나요?"

   "네, 저는 하나도 떨리지 않았어요. 여섯 살 때도 안 떨렸어요."

   "아하, 그래요. 아기 염소 씨 짱 멋있다! 대단한 강심장인데요?"

   "엄마, 강심장이 뭐야?"

   "음 음, 우리 유정이는 많은 사람 앞에서 떨지 않고 노래도 크게 부르고, 발표도 잘한다는 뜻이야. 아유, 귀염둥이 우리 딸!"

   엄마가 설명해 주니 더 자랑스럽고 가슴이 뿌듯했어요.

"사실 조금 떨렸는데요. 엄마가 예쁘게 그린 페퍼 피그 그림과 우리 예쁜 딸 황유정 파이팅! 팻말을 흔들며 응원하는 엄마 모습을 보니 안심되고 살짝 웃음이 났어요."

"하하, 그랬군요! 오늘 엄마 아빠랑 맛있는 것 먹고 동생이랑 잘 놀아요. 아기 염소 씨 할머니는 다음 주에 만나러 갈게요. 인터뷰 끝! 안녕."

할머니가 손을 흔들자, 화면 속 웃는 얼굴이 점점 멀어졌어요.

"와, 하하하. 엄마? 할머니는 개구쟁이 같아요. 장난꾸러기 할머니예요!"

오늘은 동생도 없이 나 혼자만 엄마 아빠 사랑 독차지하고 점심을 맛있게 먹었어요. 기분이 좋기도 했지만, 동생이 없으니까 이상했어요. '이 맛있는 음식을 동생이랑 함께 먹었으면 더 좋았겠다.'라는 생각이 살짝 들었어요.

눈 폭풍에서 구출한
체험용 김장거리

♪

 야호! 첫눈이다…. 첫사랑, 첫 만남, 첫 키스, 첫 직장, 첫 손자…. '첫'이라는 단어는 왠지 설렘이 묻어 있다. 첫눈은 보통 가볍게 오는 둥 마는 둥 슬쩍 스치듯 지나간다고. 눈발이 분분히 날려 어디론가 젊은 시절의 아련한 추억만 실어다 나르는 듯…. 첫눈은 하늘에서 사뿐히 내려 도둑처럼 사라지는 거라고 그런 터무니없는 생각을 해 왔다. 아무리 뉴스에서 이번엔 30cm 이상 폭설이 내리니 철저히 대비하라고 힘주어 말해도 오래된 추억과 상념으로 첫눈의 감동만 믿었다.
 그런데 정말 첫눈이 풍풍 내렸다. 숨이 꼴깍 넘어갈 듯한 한여름 땡볕에, 서너 달 동안 텃밭에서 키워 낸 금쪽같은 무와 갓, 배추가 순식간에 눈 속에 파묻혔다. 일주일 전, 남편은 따뜻한 날씨에 김장거리를 거둬들이자고 말했었다. 그러나 나는 일주일 동안 말라가며 집 안에서 나뒹굴 무와 배추를 상상하자, 하루라도 건강한 땅속에 묻혀 있는 것이 나을 거라는 결론을 내렸다. 어차피 나는 토요일에 손주들과 김장 체험을 준비하고 있었다. 그래서 금요일 따뜻한 날씨에 거둬들이면 좋겠다고 생각했지만, 눈이 된통 온 후에야 정신이 번쩍 들었다. 그러나 잔뜩 기대하고 있을 손주들을 생각하니 손 놓고 있을 수만은 없었다.

TV에선 폭설이 내려 도로가 난리라고 야단법석이었다. 아무 대책 없이 날벼락을 맞은 나는 남편을 달달 볶아 텃밭으로 쫓아갔다. 밤사이 겹겹이 쌓인 눈을 갈퀴로 긁으며 눈 속에 파묻힌 무와 갓, 배추를 뽑았다. 언 땅에서 뽑기가 쉽지는 않았지만, 거기까지는 성공이었다. 나름 3개월 동안 키운 김장거리를 얼리지 않고 구출했다는 경이로움! 모자에 한 바가지 넘는 눈을 털어낼 시간도 아까웠다. 그래도 온전한 상태로 먹을거리를 건져 낸 뿌듯함이 들었고, 이제 수확물을 차에 싣고 집으로 무사히 오기만 하면 되는데…. 내 행운은 거기까지였다.

'그동안 눈이 진짜 많이 왔구나.' 하는 실감은 했지만, 어렸을 때 장독대에 소복이 쌓인 눈 정도이겠거니 하며 심각성을 알아차리지 못했다. 아무것도 모르고 헤헤거리며 구출해 온 채소를 가득 안고 차에 탔건만 얼마 가지도 않아 차를 멈춰 세워야 했다. 낮은 언덕이 있는 길목에서 차들이 덜덜덜 거리며 올라가지도 못하고 뒤로 슬금슬금 후진하는 게 아닌가? 아찔한 상황! 다행히 남편은 용기를 내서 올라가는데,

눈길에 바퀴가 계속 헛돌아 왈칵 겁이 났다. '헉, 바로 이런 것이 재난이로구나! 이런 무서움도 모르고 눈 가린 경주마처럼 앞만 보고 재난 속으로 뛰쳐나가다니….' 남편한테 진짜 미안한 마음으로 말했다. "면목이 없습니다. 죽을죄를 지었어요. 어떻게든 무사히 집에만 돌아가게 해 주세요."

우리는 차에서 내려 직접 차를 밀어 보기도 하고, 제설함에 있는 염화칼슘을 뿌리며 안간힘을 썼다. 하지만 도로에 있는 모든 차가 빙빙 돌거나 조금씩 미끄러져 전쟁터와 다를 바가 없었다. 그렇게 오랜 시간이 걸려 천신만고 끝에 간신히 빠져나올 수 있었다. 재난을 뚫고 집에 오는 길, 남편은 간단히 요기하고 가자고 했다. 나는 무사히 안전하게 집에 도착하는 것이 목표였다. 다시 밥 먹는 동안 눈이 쌓여 눈길에 파묻힐까 봐 걱정되었다. 그냥 얼른 가서 따뜻한 집밥을 먹자며 서둘러 집으로 향했다.

오후 3시가 돼서야 점심을 먹는데도, 몇 시간 전의 아찔한 상황이 떠올라 가슴이 두근거리고 다시금 조여드는 듯했다. 우리 집은 고층 아파트라서 멀리 관악산이 보인다. 남편은 우리 집이 '뷰 맛집'이라며, 언젠가 집을 팔 때는 제값을 받을 거라고 농담처럼 말하곤 했다. 허겁지겁 늦은 점심을 먹는데 거실 창으로 저 멀리 눈 덮인 관악산이 한 폭의 수묵화처럼 눈에 들어왔다. 하얀 눈이 덮여 있는 굽이굽이 이어진 관악산 능선이 그렇게 평화롭게 보일 수가 없었다.

  단 몇 시간 전, 폭설에 갇혀 안전하게 집에 도착할 수 있을지 두려움에 떨었던 일이 아득한 옛날처럼 느껴졌다. 집안에서 보는 눈 덮인 산은 이토록 별천지처럼 평화롭고 예쁘게만 보이는구나! 극적으로 대비되는 풍경에 그저 감탄만 나왔다.

  날씨는 유기적 생명체처럼 변화무쌍해서 예측할 수 없을 때도 있다. 이번 첫눈은 눈 폭풍이 휘몰아치며 마치 거대한 생명체가 숨을 내쉬듯 위엄을 내뿜었다. 날씨, 아니 기후는 어느 조건에서 어느 조합으로 만나느냐에 따라, 포근하고 화창해지기도 한다. 그러나 폭염이나 태풍, 폭설처럼 인간이 다스릴 수 없는 거대한 힘이 되어 우리네 삶을 망쳐 버릴 수도 있다. 그런 자연이 무서운 줄도 모르고, 지구 온난화가 무서운 줄도 모르고, 이렇게 편안하게 살아왔다. 이번 경험으로 크게 반성했다.

  최근에 다니던 동네 도서관 수업에서 한 이웃분이 테이크아웃 커피잔 대신 집에서 챙겨 온 유리잔을 들고 다니던 모습이 생각났다. 기후 온난화를 막기 위해 실천하는 거라며 살포시 웃던 그녀의 귀여운 미소! 그녀처럼 자연을 소중히 여기고 살살 달래는 지혜가 필요하겠다. 나는 뒤늦은 깨달음으로 이제부터라도 내가 할 수 있는 것이 무엇이 있는지 하나씩 챙겨보았다.

먼저 귀한 몸값 받는 천연 수세미를 사야겠다. 종이는 한 번만 쓰지 않고 이면지로 활용하고, 재생 화장지와 대나무 칫솔도 사용해야겠다. 가장 가까운 곳, 바로 내 집에서부터 환경을 생각하는 마음을 의식 있게 실천해 우리 몸도 마음도 건강하게 채우는 생활을 해야겠다. 눈길에 갇혀있었던 해프닝이 있었던 바로 그다음 날, 김장 체험하기 위해 모인 손주들은 흥에 겨워 떠들어댔다. 딸들은 그런 무시무시한 상황에서 김장거리 구출하러 간 거냐며 온갖 구박을 했지만, 아무도 다치지 않고 어제 일을 무용담처럼 얘기하며 즐겁게 김장할 수 있어서 다행이었다.

판은 할머니가,
쇼는 아이들이

♪

나는야 신나는 흥 머니!

아이들은 모이기만 하면 어떻게 해서든 논다. 손주들만 만나면 흥 머니의 생각 주머니는 자꾸만 커진다. 풍선처럼 둥둥 날아가기도 하고, 열기구처럼 부웅 떠다니는 손주들 생각뿐! 딸은 흥 머니가 뭐냐며, 인터넷에도 없는 단어라고 난리다. 그렇지만 손주들이 오면 종종거리는 놈, 날뛰는 놈, 소리치는 놈 삽시간에 온 집안이 들썩거리고 초토화된다. 그 순간 할머니의 머릿속은 활짝 열린다. "이놈들과 어떻게 놀지? 이놈들과 어떻게 재밌고 신나게 놀지?" 오로지 함께 놀 준비에 온 신경이 쓰인다. 그들이 온다는 날짜를 꼬박꼬박 기다리며 이벤트가 있는 날에는 나름대로 생각 주머니를 열심히 쥐어짠다. 음식도 넉넉히 준비하고 시원찮은 그림도 그려 본다.

3~4년 전 추석에 우연히 장기자랑이라는 이벤트를 생각해 냈고, 처음으로 포스터도 만들었다. 그때는 어떻게 할까? 궁리하다가 열한 명 가족의 혈액형이 딱 두 가지로 나뉘어 있다는 사실을 알았다. 그래서 OX 팀이 아니라, 혈액형으로 O형 팀과 B형 팀으로 나누어 이름을 써넣었다. 수적으로는 O형 팀이 4:7로 열세였지만 그래도 뒤지지 않을 거라는 자부심이 빵빵해 파이팅을 열심히 외쳤다.

  그렇게 해서 어색하지만, 처음으로 장기자랑 대회를 열었다. 제일 흥분한 것은 기획한 흥 머니, 바로 흥이 많은 할머니였다! 그 후 명절 때마다 열리는 장기자랑 대회에 관한 관심이 손주들 머릿속에 꽉 차 있는 듯하다. 아이들이 열심히 준비하고, 리허설도 하고, 공연 제목이 수시로 바뀌고 있다는 소식이 간간이 들려 기대감이 더 커졌다.

  이번 2025년도에는 나의 아이디어 공장에 다시 한번 시동이 걸렸다. '포스터에 공간을 남겨 두자! 어른인 할머니가 모두 채워 넣는 것이 능사가 아니지! 아이들과 함께 만들어가는 과정이 더 중요하지!'라는 생각이 번쩍 들었다. "여기에 자기가 출전할 순서, 이름과 공연 제목을 직접 써넣어."라고 말하자, 그 생각만으로도 왁자지껄 웃음이 터져 나온다. 딸도 이런 엄마 아이디어가 놀랍고 제일 재미있단다. 애들은 명절 전에 간간이 만났을 때, "할머니, 나는 이런 공연을 준비하고 있어요."라며 언질을 주었다. 그렇지만 이렇게 풍성하게 준비하고 있는지는 전혀 몰랐다. 효과는 대단했고 서로 눈치 보며 순서 짜는 모습이 가관이었다.

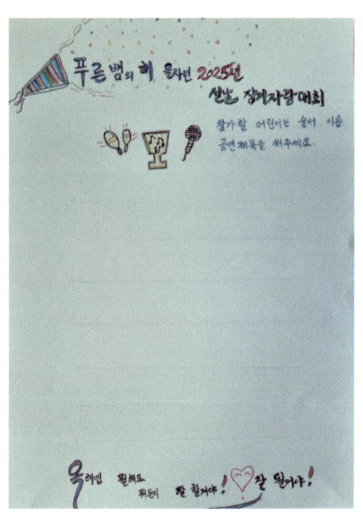

큰사위는 시비를 건다.

"어머님, 장기자랑이 너무 음악적인 것으로만 치우쳐 있어요."

"그렇지. 꼭 장기자랑이 노래 부르고 연주하고 그럴 필요는 없지. 뭐 좋은 수라도 있나? 자네는 요리를 잘하니, 요리 쇼라도 하는 게 어때?"

"어머님, 이참에 웍 다루는 연습이라도 해야 할까요? 아니면 요리 불 쇼라도 해야 할까요?"

사위의 말에 배꼽 빠지게 웃고 한바탕 더 웃었다. 점점 생각이 확장

되고 나날이 재밌어지는 그런 장기자랑! 이렇게 우리 가족은 매년 상상 놀이터를 만들어 간다.

 이번에는 큰손자가 직접 바이올린을 연주하고 반주는 큰딸이 했다. "이모도 한 번 해봐요." 하는 조카의 부추김에 즉석에서 작은딸은 어렸을 때 배웠던 쉬운 바이올린곡을 연주했다. 우리 집 명절 장기자랑 프로젝트는 '자연인', '동네 한 바퀴', '내 고향 6시' TV 프로그램처럼 장기 프로그램이 되었다.
 그래, 이런 모습을 할머니는 오랫동안 꿈꾸어 왔었지! 즉석에서 "사회자 할 사람 손들어!" 하니 큰딸은 얼른 "우리 둘째한테 기회를 줘요."라며 내 귀에 바짝 다가와 속삭였다. 생각지도 않았는데 순발력 있게 사회도 제법 잘 본다. 가족 모두는 마냥 웃고 집중하고 몰입했다.
 얼핏 보니 바이올린 연주, 도레미파솔라시도만 치고 내려와도 만족감은 100%인 다섯 살 손녀의 피아노 연주. 발레 학원을 절대로 끊지 않는 일곱 살 손녀의 발레 공연. 그리고 막냇손자의 동요 부르기와 할머니의 팝송 부르기까지 아주 풍성하고 그럴듯한 음악회가 되었다. 손주들이 무대에 서서 목소리를 높이고, 서로 손을 흔들며 응원하는 모습이 너무 귀여웠다.

 이렇게 한 번 끝나니 숫기가 없어 제일 힘들어했던 다섯 살 손녀는 이번에는 반대 순서로 다시 한번 해보자고, 자기가 사회자를 해 보겠단다. 그것이 뭐 그리 어려울 일인가? 우리는 방방 뛰며 또다시 반대 순서로 한 번 더 장기자랑을 시작했다. 조그만 어깨를 쭉 펴고 장난감 마이크를 들고서 "자, 다음은 할머니 차례예요." 하고 또박또박 외친다. 순간 모두의 시선이 손녀에게 쏠렸다. 그 작은 얼굴에는 긴장과 설렘이 뒤섞여 있었다. 웃음소리와 박수 소리가 거실 가득 퍼졌고 할수록 재미는 커졌다. 손주들이 진심으로 발표하는 모습은 어떤 무대보다 더 반짝였다. 그 모습이 너무 소중하고 귀해 마음 한편이 따뜻하게 차올랐다.

더 흥미진진한 것은 두 손녀가 빈 공간에 그림도 채워 넣고 종이접기도 해서 자꾸 작품을 만들어가고 있었다. 이렇게 아이들은 판을 깔아주기만 하면, 스스로 의견을 내고 협동하면서 무대를 만드는구나! 좀처럼 말이 없는 남편도 오늘따라 들떠서 말이 많다. 내가 기획한 프로젝트가 손주들과 함께하는 상상 놀이터에서 이렇게 판이 이루어지다니!

언젠가는 아이들의 실력은 자꾸 올라가고, 어른들의 실력은 줄어들어서 그들의 잔치가 될 것이다. 언제나 환대할 결심을 하는 할머니! 아이들의 말 한마디와 행동에 웃음꽃이 만발한다. 신나는 할머니는 내년에는 무얼 할까? 벌써 아이들과 머리 맞대며 기획하느라 마음이 바쁘다.

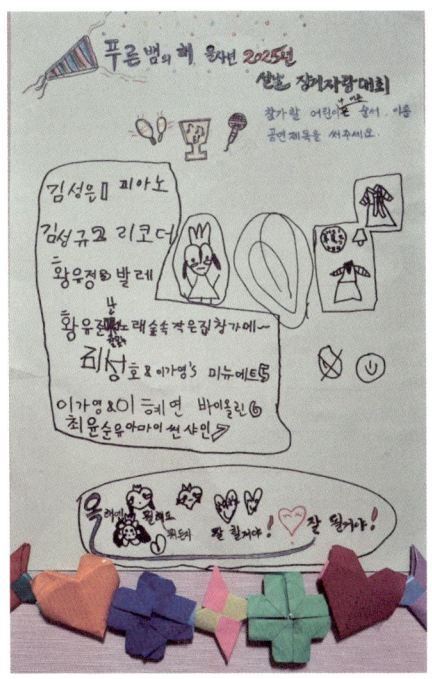

2025년 을사년 설날 손주들이 쓴 공연 제목과 손녀들의 그림과 종이접기로 꽉 찬 포스터

    이렇게 상상 놀이터에서 놀다 보면 언젠가는 아이들 스스로 놀이판을 깔 것이다. 그때는 어른들이 끼어들지 않아도 협동과 공감으로 자기들만의 판을 만들어 갈 것이다. 명절마다 함께하는 게임이 즐겁듯, 노는 문화 안에서 성장한 아이들은 어디서든 신나게 놀 수 있겠지! 이런 작은 놀이가 즐거운 삶을 살 수 있는 발판이 되고, 씨앗이 되기를 바란다.

위층 할머니가 건넨 희망

♪

　오늘도 어김없이 딸 집에 출근했다. 문을 열려는데, 웬 노란 쪽지 하나가 눈에 띄었다. 딱지처럼 곱게 접힌 메모지엔 "204호, 어린이에게"라고 적혀 있었다. 얼른 떼어서 들어가는데 가슴이 쿵쾅거렸다. 딸과 사위가 있는 가족 대화방에 올리려고, 다시 나와 원래대로 제자리에 두고 사진을 찍었다. "이걸 누가 붙여 놓았을까요?" 더위에 지쳐 복도에 주저앉아 있는 청소 아주머니와 두런두런 이야기를 나누는데, 3층에서 어떤 어른이 내려오며 말했다. "제가 붙였어요." 순간 긴장이 풀렸다. 말씨도 온화하고 웃음도 맑고 고왔다. 그분은 부재중에 손녀가 남긴 편지를 보고 답장을 꼭 해 주고 싶었단다.

　얼마 전 딸이 이사한 집은 전세만 놓던 집이라 화장실 욕조가 많이 낡았다. 계약할 때 고쳐준다는 합의가 있었지만, 차일피일 미루던 공사를 이번 휴가에 한다고 동의서를 받으러 다녔던 것이다. 공사하는 중에 가장 불편할 이웃은 바로 아랫집과 윗집. 그때 그분이 집에 없어서 딸이 불러 주고 손녀가 정성껏 쓴 편지를 현관문에 붙여놓았단다. "7월 18일에 인사드리려 올라갔는데 안 계셔서 편지를 썼어요. 초등학교 1학년이 쓴 거라 맞춤법이 틀릴 수 있어요. 화장실을 공사해서 시끄러울 것 같아 양해 부탁드립니다."

그 편지에 답장은 아래와 같다.
"304호입니다.
편지 잘 받았고, 한글 실력도 100점 줄게요.
앞으로 훌륭한 사람이 될 거라 믿습니다.
화장실 소음은 염려 말고, 예쁘게 잘 마무리하세요.
위층 할머니 드림."

글씨도 반듯하고 내용도 정갈했다. 그 편지를 보는 순간 가슴이 벅차오르고 마음이 따뜻해졌다. 그분 역시 100일 된 손자가 있다고 했다. 이 편지를 받은 우리 손녀는 얼마나 뿌듯하고 자부심이 넘쳤을까? 짧은 쪽지 한 장이었지만, 그분은 우리 손녀에게 무엇과도 바꿀 수 없는 큰 선물을 주신 것이다. 이렇게 밝은 에너지를 주는 어른께서 바로 위층에 사신다니!

   사실 나는 노란 쪽지를 본 순간, 이사 오기 몇 달 전 놀이터에서 있었던 일이 떠올랐다. 유치원 때부터 한글을 읽고 쓰는 걸 좋아했던 손녀다. 무언가 열심히 그리고 글을 써서 투명 파일에 담아 어린이 놀이터에 들고 나가곤 했다. 퀴즈를 만들어 나오기도 하고, 때론 주변에 있는 꽃 이름을 할머니한테 물어보며 빙고 판을 채우기도 했다. 그날도 마찬가지였다. 나는 손자를 따라다니느라 정신이 없었는데, 그 사이 손녀의 파일에 누군가 하트 모양 쪽지를 끼워 두었던 모양이었다. 그날 저녁, 딸한테 "엄마, 이 쪽지 누가 줬는지 아세요?"라며 전화가 왔다.

"나는 ○○ 초등학교 3학년 ○○○야.
너의 그림과 글이 내 스타일과 맞는 것 같아서 만나 보고 싶어.
다음 주 수요일 5시쯤, 이 놀이터에서 만날래?"

   그 편지를 본 순간 기쁨보다 걱정이 앞섰다. 어떻게 보면 손녀의 글과 그림을 인정해 준 것에 대해서 당연히 기뻐해야 하는데…. 요즘 사회 분위기가 너무 험하다 보니, 따돌림 괴롭힘 같은 불순한 의도가 먼저 머릿속에 스쳐 지나갔다. 낯선 상황에 잘못 얽히면 무서운 세상이라, 그 편지를 받고 딸도 나도 가슴이 철렁했다. 물론 그 학생은 우리 손녀의 그림과 글씨가 예쁘고 내용도 좋아서 진정으로 만나보고 싶을 수도 있다. 그러나 요즘 현실이 순수한 표현을 그대로 받아들이기엔 너무 무섭고 불안하다.

학교에 근무하는 지인에게 물으니 "굳이 아는 체하지 말라. 학년 차이 때문에 이야기하다 보면 수준이 안 맞아 오해나 상처를 받을 수도 있다."라고 조언했다.

그림 한 장, 편지 한 통도 불안하게 읽히는 세태다. 이처럼 불안을 먼저 떠올리는 시대가 되어 버렸다. 부모든 조부모든 아이를 지켜야 하는 사람들은 일단 이런 상황을, 색안경을 끼고 보는 경향이 있다. 이렇게 불안한 사회가 아니고 모두가 행복하게 믿는 삶의 터전이라면 참 좋을 텐데.

그래서 오늘 위층 할머니의 쪽지는 더욱 특별하다. '이렇게 아이의 마음을 알아주고 따뜻하게 응답해 주는 사람도 있구나!' 무조건 의심하기보다는 선한 영향력을 미치는 사람이 더 많고 행복한 사회가 되었으면 좋겠다. 진심을 건네는 어른이 단 한 사람만 있어도, 아이는 세상살이가 그렇게 무섭지만 않다는 걸 배울 것이다.

아이의 편지를 진심으로 읽어 주고 응답해 주는 어른!

색안경을 끼고 불안하게 바라보는 현실이 아니라, 이웃을 믿고 진심이 통하는 사회!

아이에게 가장 필요한 건 경계심 이전에 '세상에 나를 알아주는 어른이 있다.'라는 확신일 지도 모른다. 각박한 사회에서 우리가 해야 할 일은 바로 그런 믿음을 심어 주는 것 아닐까?

표고 향처럼 진해진 하루

♪

"와, 이렇게 예쁘게 표고버섯을 탑처럼 쌓으니 꼭 피라미드 같아요. 무엇인가 건축 구조 방식에 따라 쌓은 것처럼 달라 보여요. 예술가신데요!"

아파트 옆, 폭이 넓은 가로수 길이었다. 많은 사람이 오가던 그곳에서 나는 버섯 탑 옆에 놓인 두 개의 바구니를 유심히 바라봤다. "이쪽 바구니는 만 원, 저쪽 꽃 표고버섯은 만 오천 원이에요. 꽃표고를 사시면 오이고추를 덤으로 드릴게요. 이 버섯은 향도 맛도 육질도 좋아서 고급 요리에 많이 쓰여요."

나는 만 오천 원짜리 바구니를 골랐다. 그런데 주인아저씨는 무늬가 잘 드러나도록 정성껏 쌓아둔 버섯을 담아 주었다.

"아저씨, 그냥 큰 박스에 있는 것으로 담아주셔도 돼요. 왜 공들여 쌓아 놓은 걸 팔아요? 다시 쌓기 힘들잖아요."

"아니에요. 이렇게 쌓는 게 은근히 재미있어요. 작품을 만드는 기분도 들고, 몰입하다 보면 오히려 기분이 좋아지더라고요. 예쁘게 해 둔 걸 드려야죠. 저는 다시 쌓으면 됩니다."

그 순간 깨달았다. 이분은 지나가는 사람을 멀뚱멀뚱 쳐다보며 손님을 기다리는 사람이 아니었다. 자신만의 '창작 활동'을 하고 있었던 것이다. 무엇인가에 몰입하고, 자신의 가치에 집중하는 편이 훨씬 낫겠지. 자기 일을 즐겁게 찾아 하는 사람의 모습은 물건을 사는 사람의 마음까지 기분 좋게 만드니까. 상품을 파는데도 이렇게 마음의 자세가 다르구나! 집에 돌아와 향이 좋고 육질도 단단한 표고버섯으로 요리하니 진한 향이 머릿속까지 퍼졌다.

무더운 8월이었다. 나는 열대야와 불면증으로 매우 지쳐 있었다. 한의원에서 침을 맞고 나니 발걸음까지 한결 가벼워졌다. 이것저것 사고 전복죽까지 사 들고 온 터라 손은 이미 한가득! 하지만 성심껏 쌓아 놓은 표고버섯을 보고 그냥 지나칠 수는 없었다. 더 사고 싶었지만, 손이 모자라서 한 바구니로 만족했다. 가끔 버스를 타고 아파트 옆 가로수 길을 지나칠 땐, '혹시 그 아저씨가 다시 표고버섯을 정성스럽게 쌓고 있지 않을까?' 고개를 쭉 내밀어 본다. 마음을 다해 버섯을 쌓는 손길, 자기 일에 자부심을 품은 그 모습이 오래도록 기억에 남을 듯 하다.

그 아저씨의 모습은 문득 내 친정 언니를 떠올리게 했다. 언니는 15년째 요양보호사 일을 하고 있다. 그녀 역시 자기 일을 귀하게 여기며 사시는 분이다.

"언니, 어디야?"

"나 요양하는 집."

"오늘은 토요일인데 왜 거기 있어? 쉬는 날 아니야?"

"어르신이 요즘 이가 안 좋아서 잘 못 드셔서, 내가 먹으려고 만든 호박죽하고 달걀찜 좀 가져다줬어. 잘 드시네."

"언니 마음씨는 달덩이야. 보고 있으면 다정하고 편안해. 주말까지 이렇게 챙기다니! 그분은 참 복도 많지. 우리 언니 같은 요양보호사를 만났으니 말이야."

"동생, 인생이란 게 별거 있니? 모든 건 더하기 빼기야. 내가 잘해주면 누군가 나한테도 잘해 주지. 내가 복을 줘야. 복이 오지. 세상에 공짜는 없어."

언니는 늘 "인생은 더하기 빼기야."라고 말한다. 그녀의 목소리는 따뜻하고 선선하다. 긍정의 에너지로 무엇인가 해 주는 마음이 더 즐겁다고 말한다.

누구나 편하게 생활하도록 도와주는 마음이 앞서는 사람, 그분이 내 언니다. 나이가 들고 몸이 힘든데도 불구하고 한 번 자신에게 주어진 일은 소명 의식을 가지고 대하는 인생 선배님! 그녀를 보며 느낀다. 특별한 봉사 정신이 없이는, 요양보호사 일을 오래하기 어렵다는 걸. 굳이 가지 않아도 되는 주말에 간간이 들러 어르신 상태를 봐 가면서 대처하는 언니의 모습에 매번 감탄한다.

  이렇게 세상 곳곳에는 제 일에 중심을 잡고 묵묵히 살아가는 사람이 많다. 나는 무엇이든 자기 일에 마음을 기울이고, 한 올 한 올 정성을 쌓아 가는 사람을 존경한다. 그들은 본인 일을 소중히 여기듯 가족을 사랑하고, 자신도 귀히 돌본다. 성심을 다해 사는 사람들은 결국 타인의 존중을 받는다. 그런 사람을 만나는 것은 내게도 큰 기쁨이다. 그들의 노력과 신념이 가족과 이웃을 살리고, 더 큰 신뢰를 낳으니까….
  나는 그들의 모습에서 깊은 울림을 받고, 나의 삶에도 이런 가치가 필요하다고 느낀다. '그렇다면 나는 인생에 몰입하고 가치를 부여하며 살고 있는가? 삶을 얼마나 성실하게 쌓아 가고 있는가?'

  현재 나는 월요일부터 금요일까지 날마다 출퇴근하며 어린 남매를 돌보고 있다. 몸은 힘들지만, 하루 일을 끝내고 집에 돌아올 땐 모든 피로가 스르르 녹아내린다. 딸이 "할머니 가신다. 인사해야지." 하면 손주들은 보던 TV를 멈추고 달려와 "안녕히 가세요. 내일 또 만나." 하며 내 품에 와락 안긴다. 가끔은 고양이처럼 내 앞에 쭈그리고 앉아,

고개를 갸웃거리며 나를 빤히 바라본다. 나도 장난스럽게 손끝으로 목을 살살 긁어 준다. 그러면 해맑게 웃으며 "야옹!" 하며 뒤 머리카락을 살짝 쳐 올린다. 마치 고양이가 수염을 쫑긋 세우듯, 장난기 가득한 몸짓이다. 그 모습을 본 손자도 어느새 끼어든다. 둘은 서로를 향해 "야옹, 으르렁!" 하며 고양이 흉내를 낸다. 하루가 저물 무렵, 남매의 장난 소리가 거실을 가득 채운다. "그래, 이 녀석들 덕분에 내가 웃지!" 아이들의 따뜻한 가슴을 품는 순간, 이런 돌봄의 시간 또한, 우리가 차곡차곡 쌓아 올린 삶의 작품. 언젠가 표고 향처럼 진하게 퍼져 나갈 귀한 시간임을 마음 깊이 느낀다.

4부 부록

작은 환대의 기술

1. 명절에 장기자랑 포스터 함께 만들기

저는 가족 모임 때 '상상 놀이터'를 기획하곤 합니다. 명절이면 이벤트로 포스터 만들기를 함께 하지요. 이때 할머니 아이디어로만 끌고 가지 않고, 손주들 의견을 충분히 반영합니다. 어린이들은 자기 의견이 존중될 때 훨씬 즐겁게 참여하거든요. 며칠 전 초등 1학년 손녀가 스스로 포스터 도안을 짠 걸 보고 얼마나 뿌듯했는지요! 창작은 모방에서 시작되지만, 그런 과정에서 자기 목소리를 내는 순간 아이들은 신이 납니다. 이런 경험은 창의력과 상상력 발달에도 큰 도움이 됩니다.

2. 아이와 갈등이 생겼을 때는 '우주 쉼터'로 안내하기

아이와 갈등이 생겼을 때는 양육자가 먼저 흥분하거나 화내지 말고, 아이의 이야기를 충분히 들어 주는 것이 중요합니다. 그리고 '우주 쉼터'라는 비밀 공간을 소개해 줍니다. 마음이 힘들거나 화날 때 잠시 들어가 감정을 다독이는, 일종의 '긍정 타임아웃 제도' 같은 것입니다. "우리 잠깐 편하게 누워 볼까?" 하며 할머니의 사춘기 시절 고단한 이야기를 들려줍니다. "할머니도 화나고 억울해서 장독대 뒤에 숨어 펑펑 울 때가 있었어. 어른도 힘들 때가 많아." 그러면 아이도 자기 마음을 털어놓고, 도란도란 이야기를 나눕니다. 그러면 어느새 마음이 풀어집니다.

3. 좋은 날, 마음을 건네는 봉투 하나

명절뿐만 아니라, 임신·출산·돌·복직 등 기념일 때마다 그림을 그립니다. 솜씨는 없지만, 기념일에는 꼭 편지봉투에 그림을 그리고 손편지를 써서 축하금도 세뱃돈도 전합니다.

카톡으로 온 사진을 참고하여 여러 장을 그려 아이들이 마음에 드는 것을 고르라고 하지요. 2022년은 호랑이띠라 재미있는 호랑이 그림을 봉투에 그렸네요.

매년 연말연초 신문이나 뉴스에 나오는 메시지를 참고하여 딸과 사위들 우리 부부의 세배 봉투를 정성껏 만들었네요.

손녀 입학 축하 포스터도 그렸습니다.

가족끼리라도 이렇게 마음을 담아 준비하면 주는 사람도 받는 사람도 한층 더 따뜻한 정을 느끼게 됩니다. 손주들뿐만 아니라 가끔 딸과 사위, 남편과 나에게도 편지봉투에 그림을 그리고 손편지를 씁니다.

4. 돌이나 생일 때 <겨울 아이> 노래 개사해서 부르기

오래전, 가수 이종용의 〈겨울 아이〉 노래를 우리 부모님 생신 때 불러드리곤 했습니다. 어느 해 셋째 손주 돌을 맞아 편지와 그림을 그리는데 손주 1, 2와 함께 이 노래로 개사하는 놀이를 시작했어요. 그 후 아이들은 모든 가족의 생일에 노래 가사를 바꾸어 불렀고, 지금까지도 그 전통이 이어지고 있습니다. 〈겨울 아이〉는 멜로디가 익숙하고 따라 부르기 쉬워서 카톡으로 공유해 함께 부르는 재미가 있습니다.

유준 첫돌 노래 (이종용의 <겨울 아이>에 맞추어)

10월에 태어난 아름다운 유준이는 누나 노래 따라 부르는 집중력 짱! 황유준.
10월에 태어난 사랑스런 유준이는 빼꼼히 얼굴 내밀며 까꿍 놀이도 잘한다.
하지만 봄, 여름과 가을, 겨울 언제나 해바라기 웃음 발사해!
튼실한 장딴지로 걸음마도 완전 짱! 엄마 관찰쟁이 황 유준은 붕붕카 운전대도 잘 돌린다.

첫돌 축하합니다. ×3, 황유준의 첫돌을. Happy birthday to 유준 ×4.

다섯째 손주 돌잔치에 사돈 부부와 시누이 내외가 같이 돌잔치에 참석했습니다. 종이로 인쇄할 필요도 없이 가족 채팅 창에 노랫말을 공유해 함께 불렀습니다. 조금 쑥스러웠지만, 온 가족이 한마음으로 손자의 첫돌을 축하하니 '하늘에서 음식이 떨어지듯, 수많은 은혜와 축복이 내려오는 듯한' 느낌이었습니다. 잔치가 끝나고 헤어질 때, 바깥사돈께서 "사돈, 오늘 시가 참 좋았어요." 하시는데 부끄러우면서도 마음이 따뜻해졌습니다. 앞으로도 손주들과 함께 노래 가사를 바꾸어 부르는 작업은 계속 이어갈 생각입니다.

5. 시민 주말농장 체험 학습에 초대하기

손주들이 태어난 후, 아이들과 함께 농작물이 커 가는 과정을 직접 보여 주고 싶어 매년 시민 주말농장을 신청합니다. 4월 초, 채소 모종을 사고 심을 때부터 함께합니다. 자신이 심은 생명체가 어떻게 자라는지 과정을 알려 주고 싶은 할머니의 마음입니다.

상추, 쑥갓, 겨자채도 따고 감자도 캡니다. 줄줄이 따라 올라오는 감자를 보고 신기해서 눈이 휘둥그레진 녀석들을 보면, 저절로 웃음이 터져요. 손주들이 오이, 가지, 방울 토마토를 조심스럽게 땁니다. 할머니는 그 작은 손끝으로 자연의 숨결을 느낄 수 있기를 조용히 바랍니다. 주말에 텃밭에서 따 온 방울토마토를 손주들에게 주면 눈을 찡긋 감으며 "정말 맛있어!"라고 외칩니다. 햇볕 듬뿍 받고 자란 과실이라 육질이 단단하고 새콤한데, 아이들도 그 짱짱한 맛을 아는 듯합니다.

가끔 온 가족이 텃밭에 모여 김밥과 샌드위치, 과일을 정자에서 먹어요. "이건 파티다. 파티야!"라며 방방 뛰어다니는 손주들! 훨훨 날아다니는 나비와 벌을 쫓아다니고 사방팔방으로 소리치며 뛰어다니는 모습을 보면, 땡볕에서 힘들게 일했던 고단함을 보상받는 느낌입니다.

게다가 다른 집 텃밭에서 자라는 다양한 식물을 구경하는 재미가 쏠쏠합니다. 가끔 제철 농작물인 옥수수와 땅콩을 사다 삶거나, 통감자 버터구이를 만들어 손주들과 함께 먹으며 도란도란 웃음을 나눕니다. 작은 텃밭이지만 그 안에서 아이들은 생명의 신비와 자연의 감수성을 배웁니다.

에필로그

나의 빛나는 다섯 햇살

　어느 날 TV에서 〈You are my sunshine〉이라는 노래가 흘러나온다. 그것도 공익광고로…. 선율이 귓가에 살포시 머물며 익숙한 멜로디에 설렜다. 가사를 곱씹을수록 더 깊이 감도는 여운! 광고가 나올 때마다 끝까지 곡을 따라 불렀다. 참으로 신기했다. 내가 청아한 목소리(혼자 생각임)로 이 노래를 완벽하게 부를 수 있다니! 나의 빛나는 햇살은 결국 '우리 아이, 우리 미래'라는 광고 속 장면이었다. 퇴근하는 엄마에게 번개도 치고 장맛비도 내리고 눈보라가 몰아치지만, 현관문 도어락을 여는 순간 어린 새싹들의 웃음소리가 종소리처럼 퍼져 나온다. 예쁜 몸짓으로 춤을 추며 달려드는 아이들. 얼굴 가득 환한 미소를 띤 애들이 비행기 날개처럼 양팔 벌려 품에 안긴다. 부모에게 아가들의 즐거운 표정과 환한 웃음소리는 삶의 활력 그 자체이다.

　몇 년 전 손자와 함께 하늘 음악회에 출연해서 완벽하게 가사를 외웠던 그 곡이었다. 상당한 시간이 흘렀는데도 여전히 완벽하게 부를 수 있다는 사실에 나 자신도 놀랐다. 수많은 추억이 깊은 곳에서 딸려 나왔다. 결국 손자와 함께했기에 내 뇌리에 강렬하게 남았음을 새삼 깨닫는다.

먼 훗날 손주들과 함께한 추억거리를 생각하면 가슴이 따뜻해질 것이다. 나는 그런 햇살 담은 미소와 웃음소리를 날마다 듣고 산다. 나에게는 햇살 미소를 닮은 손주가 다섯이다. 그들은 나에게 자기만의 빛깔과 모양으로 사랑의 이야기를 들이민다.

왁자한 손주들 모습이 겹치고 두 번째 봄을 맞이한 할머니는 자판을 두드린다.

적당한 거리에서 객관적인 시선으로 바라볼 수 있는 아이들!
가끔 정서적 감동까지 주는 보물들!
한없이 쓰다듬고 볼을 비벼도 가만히 대주는 작은 천사들!

그들이 있기에 나는 60대에 피어나는 꽃 같은 황혼을 즐기고 있다. 이런 보물 같은 손주들에게 무턱대고 믿어 주고 기특하게 여겨주는 누군가가 절대적으로 필요하다. 물론 부모는 천륜으로 맺어진 확실한 지지자다. 할머니도 제3 양육자로서 중요한 역할을 하는 것은 자연스럽다. 할머니가 품어 준 끝없는 사랑과 관용이 먼 훗날 손주들에게 심리적인 안전판이 되기 바란다.

  나는 오늘도 자판을 두드리며, 그 웃음과 눈빛을 글로 새긴다. 즐겁고 사랑스러운 순간들을 책 속에 담으니 신나는 기운으로 가득하다. 가족의 온기로 채워진 이야기는 세대를 잇는 다리가 되고, 삶의 흔적으로 남을 것이다. 이렇게 사랑을 나누고 기억을 새기는 일이야말로, 날마다 우리의 삶을 더 풍요롭게 하고, 의미 있게 만드는 힘이 된다고 믿는다.